놀부의 부동산 DNA

놀부의 부동산
DNA

일하지 않아도 돈이
들어오는 투자 메커니즘

놀부(정형근) 지음

알키

부자가 되는 길을
위대한 유산으로 남겨라

하루 20시간씩 미싱을 돌리던 어머니의 결심

어린 시절 우리 집에는 차가 없었다. 그렇지만 불편할 일은 없었다. 차가 있다한들 언덕을 올라올 수 없는 골목 끝의 달동네에 살았기에 애초에 차가 필요하다는 생각조차 하지 못했다.

재래식 화장실을 이용하고, 하루에도 며칠씩 쥐와 마주치며, 가을에는 연탄을 쌓아 두어야 하는 집에 살았지만 그나마 그것도 우리집이 아니었다. 하지만 역시나 큰 불만은 없었다. 나만 그런 것이 아니었기 때문이다. 동네 친구들 모두 우리집과 다를바 없었다. 돌아보면 가장 밑바닥의 삶이었지만 모두가 그러했기 때문에 크게 고통스럽다고 느끼지 못했다.

보다 나중의 일이지만, 우리 동네에서는 '국가부도사태'라고 칭했던 금융 위기, IMF도 큰 일이 아니었다. 가진 것이 워낙 없었기에 가능한 일이었다. 집이나 차는 고사하고 몇 십 만 원짜리 예금 통장 하나 없었다. 흔히 이야기하는 변변한 직장이 없던 동네 사람들은 어제와 다름없이 노동을 하며 하루하루를 보냈다.

부모님은 천생 노동자였다. 하루 16시간씩, 오로지 노동을 하며 그야말로 몸이 부서져라 일했다. 특히 어머니는 재봉틀에서 내려오는 시간이 거의 없었다. 아침에 눈떠서부터 잠들 때까지 어머니는 미싱을 돌렸고, 드르륵 드르륵 미싱 소리가 자장가만큼이나 편안했다. 이런 부모님을 보고 자란 탓에 유년 시절 나는 어른이 되면 누구나 그렇게 일하며 사는 줄 알았다.

그런데 재봉틀 일만 하고 평생을 보내실 것 같던 어머니에게도 고민이 아주 없던 것은 아니었다. 내가 초등학교로 이름이 바뀐 국민학교에 입학하기 바로 얼마 전이었다. 어머니는 나의 손을 잡고 동네의 허름한 주택으로 향했다. 주인 할머니가 나를 보시고는 며칠 전 어미 개가 강아지를 낳았다며 가져가겠냐고 물으셨다. 나는 흔쾌히 강아지를 받아들었다. 그러나 어머니에게는 그보다 더 중요한 일이 걸려 있었다. 바로 집을 사는 것이었다.

돈으로는 못 사도, 머리로는 살 수 있다

"형근아 오늘 우리도 집을 살 거야."

"엄마 돈 있어요?"

"아니 없어."

"그럼 어떻게 집을 사요?"

"돈이 없어도 머리를 쓰면 살 수 있지."

어머니는 그날 정말 집을 샀다. 할머니가 급매로 내놓은 방 3칸짜리 낡은 단독주택이었다. 어린 내게 참으로 기이한 광경이었다. 돈이 없다던 어머니는 바로 방 2칸을 전세로 내놓으셨다. 일은 순조롭게 진행됐고, 어머니는 임차인 2명이 준 전세금으로 잔금을 치루셨다. 정말로 돈이 없던 어머니는 머리를 써서 우리집을 장만하셨다. 고등학교를 마칠 무렵까지 우리 가족은 그 집에서 살았다.

나중에 나는 어머니에게 그날의 일을 물어보았다. 하루 종일 미싱만 돌리던 어머니에게 무슨 계기가 있어 그런 일을 벌이셨는지 말이다. 어머니는 나의 입학 전에 집을 사야겠다는 생각에 미싱을 돌리면서도 매일같이 궁리를 했노라 대답하셨다.

요즘에야 인권침해로 고소당할 수 있는 일이지만, 당시만 해도 학교에 입학을 하면 '가정환경조사서'라는 것을 제출해야 했다. 집에 냉장고가 있는지 TV가 있는지 시시콜콜한 것들을 체크했다. 가장 중요한 항목은 '집'이었다. 자가인지 임차인지 체크를 해야 했다. 어머니는 장남이 '집도 없는 아이'로 비치기를 원치 않으셨다. 이 열망이 어머니에게 뭐라도 저지를 용기를 불어 넣었던 것이다.

덕분에 나는 가정환경조사서를 어렵지 않게 써나갈 수 있었다. 8살 코 묻은 손으로 연필을 꾹꾹 눌러 '자가' 란에 브이 자를 그려 넣던 기억은 아직도 생생하다.

그러나 안타깝게도 유년시절 짜릿한 기억은 거기까지였다. 아무리 신통방통하게 머리를 써서 집을 샀다 해도 삶은 크게 달라지지 않았다. 남의 집에서 듣던 미싱소리를 내 집에서 듣는 정도였다. 내가 성인이 될 무렵까지도 부모님은 변함없이 열심히 일하셨지만 우리집은 늘 가난했다.

간절함이 있는 당신에게 필요한 것

가난은 늘 밝고 쾌활했던 내게도 상처를 남겼다. '돈이 없으면 못하는 게 생긴다'는 진리를 몸으로 체득할 날이 찾아오고야 말았다.

앞에 나서서 분위기를 주도하고 늘 웃음을 주던 성격 때문에 친구들은 물론 선생님들도 나를 좋아했다. 자연스럽게 반장을 도맡아 했다. 나도 그게 당연하다고 생각할 정도였다.

그런데 고학년이 되니 '회장'이란 것이 있었다. 욕심이 났다. 회장 선거에 나간다고 하니 당연히 부모님도 좋아하실 줄 알았다. 그런데 선거에 나가겠다고 했을 때 부모님은 내 눈을 피하셨다. 한 번도 듣지 못했던 "하지 말라"는 소리를 들어야 했다. 가난한 형편 때문에 부모님은 아들이 회장이 되는 것이 부담스러웠던 것이다.

처음으로 내 안의 '간절함'이 눈을 떴다. 세상이 달리 보였다. 친구들 사이에서도 가진 것이 많은 친구들이 호감을 산다는 걸 깨달았다. 그러나 나는 늘 받는 쪽이었다. 어릴 때부터 지켜왔던 자존감에도 스크래치가 났다. 이후로 나는 '가진 사람'이 되고 싶다는 생각을 했고, 머리가 굵어진 후에는 '자본가가 되는 꿈'을 늘 품고 살았다. 다행히 내게는 '어쩌면 돈이 아니라 머리를 쓰면 가능할지도…'라는 희망이 있었다.

마침 고등학교를 마쳐갈 무렵 어머니는 그야말로 주경야독을 통해 공인중개사 자격시험에 합격하셨다. 곱창집에서 늦은 시간까지 장사를 하시고 4시간씩 독서실에서 공부한 덕분이었다. 어머니가 부동산에 눈을 뜨면서 내게도 많은 기회가 찾아왔다. 이전에 쌓아두었던 열망과 어머니가 집에 던져둔 수험서 덕분에 나는 망설임 없이 20대 젊은 나이부터 부동산 투자의 실전에 도전해볼 수 있었다.

여러 번의 시행착오와 실패도 있었지만 결국 꾸준한 도전과 실행이 아파트는 물론 빌라와 오피스텔, 상가 그리고 빌딩까지 거의 모든 부동산 투자를 해보는 경험을 갖게 되었다. 이 다양한 투자 과정은 나를 자본가로 만들어 주었고 나름의 노하우까지 생겨 '유튜버 놀부(놀라운 부동산)'라는 타이틀까지 갖게 되었다.

모두가 같은 이야기를 한다면 그 이유가 있지 않겠는가?

아마 여기까지 읽은 이들 중에는 "다른 재테크 필자들과 같은 감성팔이 이야기네!"라며 나의 경험을 폄하하는 이도 있을 것이다.

사실 나는 모르는 이에게 특히 이런 공개된 지면을 통해 사적인 이야기를 하는 것을 즐겨 하지 않는다. 경제 현황 분석이나 투자에 대한 조언, 정책과 투자 방향 등에 대해서는 서슴없이 이야기를 하지만 개인적인 이야기를 하는 것은 어쩐지 내키지 않는다.

그럼에도 내게 있어 너무도 생생한 어려웠던 괴거에 대한 이야기를 꺼내는 것은, 이 글을 읽는 이들에게 재테크에서 가장 중요한 것이 무엇인가를 알려주고 싶어서이다.

많은 이들은 부자들이 경제적으로 성공한 이유가 많이 배워서, 남달리 사교성이 좋아서, 특별한 비법이 있어서, 그도 아니면 매우 과감해서라고 생각한다. 하지만 나는 그렇게 생각하지 않는다. 부자들이 대다수 사람과 달랐던 것은 남다른 '실행력'을 가졌기 때문이다.

비법을 포함한 다양한 지식을 쌓는 것과 부자가 되는 것은 엄밀히 말해 완전히 다른 이야기다. 중요한 것은 '실천'이다. 많은 이들이 배우고 익힌 후에도 부자가 되지 못하는 이유는 게으름 때문이다. '실천 지연'을 일으키는 게으름을 걷어내지 않으면 황금 레시피를 가졌다 해도 멋진 요리를 만들 수 없다.

나는 어릴 적 경험이 만든 간절함으로 내 안의 게으름을 걷어냈다. 누구보다 돈을 많이 벌고 싶었고 그래서 길을 찾았다. 직접 부딪히고 깨지면서 나만의 비법을 만들 수 있었다. 어머니가 가르쳐준 진리를 머리가 아니라 몸으로 반복한 덕분이었다. 실천이 먼저였고, 성공이 후였다.

많은 이들은 특별한 비법이기 때문에 그것만 알면 부자가 될 수 있으리라 꿈꾼다. 그러나 안타깝게도 수많은 재테크 책이 강조하는 것은 '당신도 나만큼 간절함을 가지고 실천하라!'는 것이다. 실천 없이는 성공도 없다. 그러나 대다수의 사람들은 이 말을 따르지 않는다.

위대한 유산을 남기는 일을 당장 시작하라

처음 글을 쓰기로 했을 때 나는 제목을 '나와 자녀를 위한 부동산 재테크 DNA'로 지으려고 했다. 혼자서 잘 먹고 잘 살기 위해 부자가 되려고 하는 이들은 없다. 가장 소중한 이는 가족 그 중에서도 바로 자녀. 이들에게 뭔가를 해주고 싶어서 혹은 남겨주고 싶어서 부자가 되길 꿈꾼다. 하지만 자녀들에게 물고기가 아니라 물고기를 잡는 법을 알려주어야 한다. 부자가 아니라 부자가 되는 길을 알려주어야 하는 것이다. 그러기 위해서는 부모가 먼저 부자가 되는 길을 걸어보아야 하는 것이다. 경험만한 스승은 없다. 직접 해본 것을 자녀에게 물려주는 것이 가장 이상적이다.

그러나 현실에서 이러한 이상은 잘 실현되지 않는다. 나만 해도 많은 지식을 나눠주고 강의를 끝낸 후에 씁쓸한 기분을 느낀 적이 한 두 번이 아니다. 우스갯소리로 "이제 하산하라"라는 말을 건네며 건투를 빌어 주었던 이들이 한둘이 아니다. 그러나 나는 그들이 아무런 진전 없이 일상으로 돌아간 것을 수없이 확인했다. 안타까운 일이다.

대부분의 답은 책이 아니라 현장에 있다. 부동산에 직접 찾아가 관심 가는 매물을 직접 돌아보면 거기서 에너지와 열기를 느낄 수 있다. 자연스럽게 자기 안의 재테크 DNA가 깨어나는 것도 느낄 수 있다. 처음부터 성실하면 좋겠지만 모두가 그럴 수는 없다. 실행을 통해 성취감이 쌓이면 누구나 좀 더 성실해진다.

모든 것은 '했냐', '안 했냐'의 문제이다. 이 책을 다 읽지 않더라도, 책을 보고 현장에 나갔다면 이 책은 제 할 몫을 다한 것이라 생각한다. 다만, 이 책이 안내하는 투자 스트라이크존을 찾아서 실천에 옮긴다면, 부동산 실전 투자에서 보다 안전하게 높은 수익률을 추구할 수 있을 것이다.

부디 '부자가 되는 길'을 걸었던 경험을 자녀에게 위대한 유산으로 남겨라! 놀부의 20년 노하우가 담긴 이 책이 당신의 길에 좋은 안내서가 되어줄 것이다. 당장의 실천을 간절히 응원한다.

놀부 정형근

목차

1장   왜 부동산 공부가 필요한가?
투자를 막는 12가지 착각에서 벗어나라

2장　부동산 재테크 불변의 법칙:
원칙과 기본을 알아야 실패하지 않는다

3장 부동산 종목별 투자의 정석: 내게 맞는 투자의 스트라이크존을 찾아라

왜 부동산 공부가 필요한가?

투자를 막는 12가지 착각에서 벗어나라

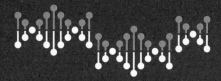

부자는 탐욕적이고
이기적이라고 생각한다

우리는 어느 시대에 살고 있는가? 바로 21세기 자본주의 시대에 살고 있다. 그런데 마인드는 조선시대에 갇혀 있는 이들이 있다. 이들은 돈을 하찮게 여기고, 부자를 탐욕스러운 사람이라고 생각하며, 노골적으로 부자가 되는 얘길 하는 것이 점잖지 못하다고 생각한다.

자녀들에게 돈 이야기를 꺼내는 것을 부담스럽게 여기는 부모도 있다. 자녀들끼리 용돈에 대해 이야기를 나누는 것도 "어릴 때부터 돈타령 하는 거 아니야!"라고 막아버린다. 이러한 경향은 가난한 집일수록 더 심하다.

돈을 좋아하는 사람은 이기적이라는 편견은 어디서 왔을까? 나는 미디어의 역할도 크지만, 부모에게 물려받은 고정관념도 크다고 생각한다. 부부끼리는 "부자가 되자" 하고, 자녀들에게는 "부자가 되라"라고 스스럼없이 말하지 못한다면 결코 부자가 될 수 없다. 돈에 대한 부정적인 감정과 생각을 떨쳐버리지 않으면 자본주의가 만들어 놓은 가난이라는 함정에서 절대 빠져나올 수 없다.

가난은 사람을 주눅 들게 만든다

나는 우리 집이 가난하다는 것을 처음 알았을 때, 아니 가난이 불편한 것이라는 것을 처음 깨달았을 때 '주눅이 든다'는 게 어떤 것인지 감정적으로 이해했다.

비록 가난했지만 부모님은 내게 장남의 권위를 세워주려고 하셨다. 그리고 웬만한 일들은 알아서 해결할 수 있도록 배려해주셨다. 친구들과 선생님이 나를 좋아해 주다 보니 어린 나이의 나는 세상이 매우 밝은 곳인 줄 알았다. 그러나 돈 때문에 학생회장 선거에 나갈 수 없다는 것을 알고 난 후부터 세상은 이전과 같지 않았다. 그때부터 가장 친하다고 생각했던 친구들이 은연중에 가난한 집 아이와 부잣집 아이들을 다르게 대하는 것이 보였다. 왜 나는 분식집에 갔을 때 친구들이 사주는 것만 먹어야 했는지 의문이 들었다. 선뜻 돈을 내지 못하는 자신이 부끄러워졌다. 마음이 이러하니 전처럼 친구들과 선생님을 대할 수가 없었다.

물론 나이가 들고 보니 이러한 경험을 한 것이 나뿐만이 아닐 것을 안다. 지금도 수많은 사람들이 가난의 경험 속에서 혹은 가난이 남긴 트라우마 때문에 힘들 수도 있다. 여기서 내가 이야기하고 싶은 것은, 이러한 경험이 나 혹은 당신에게 이후에 어떤 영향을 미쳤는가이다.

가난으로 인해 삶이 바뀌었는가? 아니면 가난 속에서 살아가는 것을 당연하게 생각하고 있는가?

가난이 아닌 부와 부자 마인드를 유산으로

친구 중에 가게도 없이 트럭으로 야채를 팔고 다니면서도 마음만은 세상 부자인 친구가 있었다. 이 친구는 수도권의 작은 도시에서 가난한 부모님 밑에서 자랐다. 친구의 형은 유독 공부를 잘해서 유명한 대학의 공대를 갔다. 하지만 친구는 공부를 몹시도 안 해서 전문대 근처도 가지 못했다. 형이 장학금으로 대학을 나오고 유수의 기업에서 연구원으로 취직했을 때 친구는 하던 가게를 말아 먹고 길거리에 나앉을 상황이 되었다. 친구는 몇 달을 술독에 빠져 살았다.

친구는 형편없는 몰골로 나를 찾아왔다. 장사를 하고 싶으니 중고 트럭 한 대를 살 돈을 빌려달라는 것이었다. 사실 살짝 의심이 갔다. 친구가 알코올중독이 돼서 돈을 써버릴까 하는 걱정 때문이었다. 하지만 친구의 이야기를 듣고 나는 순순히 돈을 빌려주었다.

친구의 이야기는 아주 단순했다. 자신은 가난을 물려받았지만 자신의 자녀들에게만큼은 가난을 물려주지 않겠다는 것이었다. 자녀들에게 밑천 없이도 노력으로 부자가 되는 것을 보여주고 싶다는 것이었다. 지금까지는 가난한 부모님을 원망하고 형과의 차별대우에 서운했지만 그런 마음은 망한 가게와 함께 갖다 버리겠다고 했다. 형이 공부로 가난의 대를 끊었다면 자신은 성실과 노력으로 가난의 대를 끊겠

노라고 자신했다.

친구는 어떻게 되었겠는가? 몇 년 만에 빚을 청산하고 자신의 가게를 열 수 있을 정도의 부를 이루었다. 하루 장사를 마치고 지방에 물건을 떼러 가고 3~4시간밖에 자지 않고 다시 새벽시장에 나간 덕분이었다.

부자는 공부하고 실행하면서 만들어진다

안타깝게도 내게는 친구와 같은 지독한 구석이 별로 없었다. 하지만 어릴 때부터 가난에서 벗어나고 싶다는 강한 열망을 가지고 있었다. 그리고 운 좋게도 어머니가 부동산 중개업을 시작하면서 관련 정보를 접할 수 있는 길이 열렸다.

어머니가 자신의 돈을 하나도 들이지 않고 장만했던 첫 집은 15년 가까운 시간이 흐른 후에 재개발이 진행되어 새 아파트로 변신했다. 20대 초반에 '헌집 줄게 새집 다오'가 실현되는 현장을 직접 목격한 것이다. 경험만한 스승은 어디에도 없다. 나는 돈 없이도 집을 사고, 돈 없이도 부가 만들어지는 것이 가능할지도 모르겠다고 생각했다.

군대를 마치고 사회에 나가 일을 하는 틈틈이 어머니가 집에 쌓아두신 '부동산 공법'을 포함한 중개사 수험서들을 살펴보았다. 부동산에서 중요한 것이 무엇인지 조금씩 알아갈 수 있었다. 그리고 굵은 땀을 흘려 모은 돈을 어디에 투자해야 할지도 감을 잡을 수 있었다.

첫 번째 투자, 두 번째 투자는 내게 위대한 스승이 되어 주었다. 남들은 알지 못하는 진주와 같은 부동산을 찾아내 투자하면 적은 돈으로도 높은 수익을 올릴 수 있다는 것을 알았다. 이렇게 남들보다 이른 20대 중반에, 부자는 공부하고 실행하면 될 수 있다는 것을 경험으로 확인했다.

돈보다 더 좋은 친구는 없다

하루는 인터넷을 서핑하다가 존 템플턴이라는 이름도 생소한 미국의 투자가가 남겼다는 글귀를 읽고 무릎을 탁 쳤다.

> "우리에게는 많은 친구가 있지만, 필요할 때 언제라도 도와줄 준비를 하고 있는 '저금통장'이라는 친구보다 좋은 친구는 없다." - 존 템플턴

돈이 편안함과 안락함 그리고 여유를 준다는 사실을 누구도 부인하지 못할 것이다. 그럼에도 많은 사람들이 일생에 한 번도 돈과 친해져야 한다는 생각을 하지 못한 채 살아간다는 것은 아이러니가 아닐 수 없다.

자본주의 세상에 사는 우리는 반드시 돈과 친해져야 한다. 돈과 친해지려 노력하자. 우선 마음 깊은 곳에 박혀 있는 돈을 터부시하는 마음부터 버려야 한다. 우리는 싫어하는 사람과 억지로 친구가 될 수 없다. 돈도 마찬가지다. 스스로 마음 깊은 곳의 부정적인 감정을 털어내

지 못한다면 어찌 돈과 친구가 되고 부자가 될 수 있겠는가!

　더불어 지인들 중에 돈을 무시하고 부자가 되고 싶은 마음을 업신여기는 이들이 있다면 과감히 멀리하라고 조언하고 싶다. 하찮은 사람들의 특징은 타인의 꿈과 야망을 깔본다는 것이다. 돈과 부자를 깔보는 사람은 결코 부자가 될 수 없고 그들 옆에서는 어떠한 희망도 이야기할 수 없다.

평생 일을 해서
먹고 살 수 있을 줄 안다

요즘은 20대들도 투자 상담을 많이 의뢰한다. 사회에 첫 발을 떼는 것만큼 투자의 첫 발을 떼는 것을 중요하게 생각하기 때문이다. 나는 과감하게 조언을 하는 편인데 입사할 때부터 내가 갈 수 있는 꼭대기가 어디인지 판단해 보고, 그게 성에 차지 않는다면 과감하게 다른 일을 찾아보라고 한다.

한국경영자총협회에서 발표한 '대졸신입사원이 임원이 될 확률'은 대기업 0.6%, 중소기업 6.8%이다. 임원이 되는 데는 대기업이 23.6년 중소기업은 20.8년이 소요된다. 20년 이상 회사에 충성해야 바늘구멍 같은 임원 자리에 올라갈 수 있다.

대졸신입사원이 모두가 같은 출발선에서 출발하는 것도 아니다. 우리나라에서 일하는 3명 중 1명은 비정규직이다. 통계청이 2019년 발표한 비정규직은 748만여 명으로 임금근로자의 36.4%에 달한다. 이들은 평균 2년 5개월을 근속하며 평균 172만 원의 급여를 받는다. 200만 원이 채 되지 않는다.

우리 모두가 평균은 아니지만, 합리적인 판단을 위해서는 현실적인 데이터에 자신을 대입해보아야 한다. 내가 가야할 곳은 어디이며, 어떻게 하면 그곳에 갈 수 있는가? 혹은 그곳에 가지 못한다면 어떤 대안이 존재하는가?

은퇴 후 30년 무엇으로 먹고 살 것인가?

만일 회사의 중역 자리까지 오르게 된다면 우리는 최소한 돈 걱정에서는 자유로울 수 있다. 그러나 그렇지 않다면? 매우 희박한 가능성만을 바라보며 살 수는 없다.

우리가 노동을 해서 벌 수 있는 돈은 한정돼 있다. 임금상승률도 정해져 있다. 노동의 결과물은 점차 작아질 수밖에 없다. 물가상승률이 항상 임금상승률을 앞지르기 때문이다.

암울한 소식은 또 있다. 우리의 살 날은 점차 늘어나고 있다. 진즉에 남녀 모두 80세를 넘어 100세까지 바라보는 시대가 됐다. 2019년 통계청 발표에 따르면 대한민국 평균 기대수명은 82.7년이었다. 해마다 평균수명은 늘어날 것이고 아무리 적게 잡아도 우리에게는 은퇴 후 30년의 생이 남게 될 것이다. 아주 운이 좋아서 정년을 다 채우고 회사를 나온다 해도 그 기간은 변하지 않는다.

은퇴 후 우리는 얼마의 돈이 필요할까? 필요 생활비는 각종 통계를 살펴볼 필요도 없다. 2인 부부라고 해도 현재 물가에서 200만 원은 있어야 생활이 가능하다. 현재가치로 환산해서 계산해보면 은퇴 후 필요 자금이 7억 원이 넘는다.

그렇다면 우리는 어떤 준비를 할 수 있는가? 크게 3가지로 생각해 볼 수 있다.

> 첫째, 은퇴 후에도 꾸준히 월 소득을 유지하는 일을 한다.
> 둘째, 은퇴 후 쓸 돈을 미리 저축해 둔다.
> 셋째, 은퇴 후에도 돈이 들어올 수 있는 파이프를 만들어 놓는다.

어느 것이든 우리는 한 가지 이상의 방법을 생각해 놓아야 한다. 설령 20대라고 해도 말이다.

왜 우리는 노동에 집착하는가?

우리는 무엇으로 먹고 살고 있는가? 여러 가지를 이야기하겠지만 가장 1차원적으로 내려가 보자. 답은 돈이다. 현대 생활에서 자급자족은 불가능하다. 우리는 돈 없이는 살 수 없다.

그럼 돈은 어디서 나오는가?

어렴풋하게 기억이 날 수도 있겠지만, 우리는 중학교 때 생산의 3요소를 배웠다. 돈을 만드는 생산을 위해서는 토지, 자본, 노동이 필요하다. 우리가 셋 중 하나를 소유하거나 만들 수 있다면 우리는 그 가치를 인정받아 돈을 벌 수 있다.

그런데 신기하게도 우리는 10대부터 한 가지 생산 요소에만 집중하며 자랐다. 바로 노동이다. 좋은 노동자가 되기 위해 10여 년을 공부하고, 회사에 취직해 훌륭한 노동자로 살기를 꿈꿨다. 이를 실현하고 못하고는 개인의 능력과 노력에 맡겨졌다. 박 터지는 경쟁을 뚫고 노동자가 된 이들은 그나마 나았다. 노동 능력이 뛰어나지 못한 사람은 철저히 소외되었다. 그리고 이러한 와중에 토지와 자본에 대해서는 소홀해졌다.

우리는 왜 그토록 노동에 집착하는가? 노동은 몸으로 돈을 버는 방법이다. 부지런함과 성실 그리고 끈기가 없다면 그나마도 성공하기 어렵다. 그런데 토지와 자본은 어떠한가? 그것을 획득하면 생산에 참여할 수 있고 이윤을 얻을 수 있다.

최소한 가난에서 벗어나고 싶다면, 노동만이 신성하다는 과거의 정서에서 하루빨리 빠져나와야 한다.

자본이 굴러가는 시스템을 만들어야 한다

설령 노동이 너무 좋아서, 평생 노동을 하겠다고 해도 이는 현실적으로 불가능하다. 수명은 늘어나지만 언제까지 건강을 유지할 수 있을 지는 장담할 수 없다. 아무리 늦게 잡아도 70세 이후에는 노동의 능력이 떨어져 노동 소득을 기대하기 어렵다. 이때부터는 노동 이외의 것으로 살아가야 한다.

토지와 자본은 '돈을 벌어주는 기계'이다. 이들이 굴러가는 시스템을 알고 이를 자신의 삶에 적용할 수 있어야 노인 빈곤층으로 전락하지 않을 수 있다. 월세 받는 건물은 대표적인 현금 파이프다. 젊었을 때 이러한 시스템을 만들어 놓으면 노동으로 돈을 벌지 못하는 시기에도 전과 같이 생활할 수 있다.

이 책에서 나는 자본이 굴러가는 시스템을 만드는 것을 '투자'라고 정의하려 한다. 앞으로 이 투자에 대해 심층적으로 파헤쳐 보자.

은행만이 내 돈을 안전하게
지켜줄 것이라 믿는다

2008년 미국의 초대형 모기지론 대부업체들이 파산하며 시작이 된, 국제금융시장에 연쇄적인 경제위기를 안겨준 서브 프라임 모기지 사태를 겪으면서 그토록 견고했던 은행에 대한 환상이 깨졌다. 2011년 부산저축은행 부도 사태를 겪으며 은행이 망하고 은행에 돈을 맡긴 사람들이 손해를 보는 것을 목격하면서 은행도 안전하지 못하다는 생각이 생겨나기 시작했다.

하지만 '현금이 가장 안전한 자산'이라는 고정관념은 여전하다. 부동산, 주식 등 투자 자산에 대한 불안이 그만큼 높다는 말이다. 그러나 나는 현금을 오래 갖고 있는 것만큼 위험한 것도 없다고 생각한다. 은행이 주는 이자가 점점 떨어져서 하는 이야기가 아니다. 현재 돌아가는 경제상황을 봤을때 현금이 우리의 자산을 전혀 지켜주지 못하고 있기 때문이다.

불어나는 돈 만큼 물가는 오른다

2008년 미국은 금융위기를 해결하기 위해 '양적완화'라는 특단의 조치를 내놓았다. 이전의 위기에서 많은 정부들은 좋든 싫든 고금리 정책을 펼쳤다. 하지만 고금리로 은행에 돈이 묶여서 잘 돌지 않자 경제는 더 나빠졌다. 도산하는 기업이 속출했다. 미국은 이 상황을 몇 차례 지켜보며 돈을 푸는 것이 오히려 경제를 살리는 길이라는 판단을 했다. 그렇게 미국에서는 차별적으로 달러를 살포하는 양적완화를 3차에 걸쳐 시행했다.

다행히 양적완화는 경제를 살리는 데 효과를 나타냈다. 기업들은 살아났고, 경기도 회복됐다. 그러나 작용이 있으면 부작용도 있는 법! 2008년 10월 31일 1차, 2010년 8월 27일 2차, 2012년 9월 13일 3차에 걸치면서 후 2014년 10월 29일 양적완화가 종료되는 시점까지 집계된 양적완화 규모는 4조 5,000달러였다. 이렇게 많은 돈이 단기간에 풀리자 전 세계적으로 인플레이션 현상이 일어났고 물가가 큰 폭으로 올랐다. 자산의 가치도 상승했다. 집을 살 때 대출을 해주는 모기지론을 남발했다가 거품이 꺼지면서 집값을 갚지 못하는 사람들에 의해 발발한 서브프라임 사태로 미국의 집값은 주저앉았다. 그러나 금융위기가 회복되고 경기가 살아나면서 서브프라임이 언제였냐는 듯 집값은 전 고점 이상으로 상승했다.

고로 돈은 빛이다

인플레이션은 일시적으로 통화량을 늘리는 때에만 나타나는 것이 아니다. 돈이 만들어진 이래 인플레이션은 숙명처럼 따라붙었다.

우리가 금융위기로 허덕이고 있던 2012년 EBS에서는 〈자본주의〉라는 5부작에 걸친 다큐멘터리를 방영했다. 그 첫 번째 편의 제목은 '돈은 빛이다'였다.

우리는 돈을 화폐나 주화로 사용하지만, 사실 돈의 전체 양에서 화폐나 주화가 차지하는 비중은 많지 않다. 대부분은 통장의 숫자로 존재한다. 그럼 돈의 양은 어떻게 조절이 되는가? 중앙은행에서는 '이자'와 '통화량'을 활용한다. 이 둘을 조절해 과도한 인플레이션이 일어나는 것을 막는다.

'돈은 빛이다' 편에서는 통화량이 왜 늘어날 수밖에 없는가를 '대출상환'의 시스템을 짚어 설명했다. 이를 한 줄로 요약하면 "대출이 발생하면 중앙은행은 이자만큼 돈을 더 발행하고 이를 반복해가면서 통화량을 계속 늘려나간다"라는 것이다. 만약 나라에서 딱 100원의 돈만 찍어서 내게 5% 금리로 빌려주었을 때, 나는 돈을 갚을 수 있을까? 답은 "없다"이다. 나는 105원을 갚아야 하는데 5원의 돈이 없어서다. 이를 해결하기 위해 나라에서는 5원의 돈을 더 찍어야 하고, 통화량은 점진적으로 늘어난다. 통화시스템에는 이자가 없기 때문이다.

결론적으로 대출이 발생하는 세상에서는 통화량은 늘어날 수밖에 없고 인플레이션 역시 피할 수 없는 현상이다. 은행이 내 돈을 좀먹고 있는 것이다.

은행이 내 돈을 좀먹는다

서울에 지하철이 처음 개통된 1974년 당시 지하철 1호선 기본구간 요금은 30원이었다. 2020년 기본요금 1,250원에 비하면 40분의 1 수준이다. 자장면 값도 150원 정도였다. 마찬가지로 40배 정도 비싸졌다.

그런데 만일 1974년에 30원을 은행에 넣어서 이자를 받았다면 2020년에는 얼마나 돌려받을 수 있는걸까? 원금 30원을 복리 5%로 계산해 35년을 굴린다면 세전이자 142원을 받지만 이자과세 15.4%를 제하면 원금 포함 수령액은 150원 정도이다. 과거에는 이자가 이것보다 훨씬 높았는데 5%는 너무 적은 금리가 아닌가 생각된다면, 복리 이자를 10%로 올려보자. 그래도 이자 계산기에서 알려주는 세후 수령액은 833원에 그친다. 현재로서는 지하철 한 번도 탈 수 없는 돈이다.

게다가 지하철이나 자장면은 덜 오른 축에 속한다. 생필품 이외 개봉극장 관람요금, 대학등록금 등은 100배 이상 뛰었다. 돈을 은행에 넣어두었다가는 생활이 점차 궁핍하고 초라해질 수밖에 없다.

부동산은 자산을 담는 안전한 그릇이다

극단적으로 돈을 빼앗기지 않기 위해서, 우리는 항상 인플레이션을 염두에 두어야 한다. 가장 쉬운 해결법은 실물자산을 확보하는 것이다. 물건의 가격은 어느 하나만 오르지 않는다. 어느 하나만 빼놓고 오르지도 않는다. 더 오르고, 덜 오르고는 있지만 대체로 일정 비율에 맞춰서 오른다. 때문에 실물자산을 많이 확보할수록 더 유리하다. 다음 달이면 혹은 내년이면 틀림없이 물건들은 값이 오른다. 오늘 사는 것이 가장 싸다.

그러나 우리가 비교적 가격이 저렴한 실물자산을 사놓는 데는 한계가 있다. 쌀, 라면, 휴지 등 평생 소비를 하는 물건이라도 1~2달 이상 치를 사놓는 것은 무리다. 부피가 크고 보관이 쉽지 않다. 안전하게 보관하기 위해서도 자산의 크기를 유지하기 위해서도 실물자산을 잘 골라야 한다.

부동산은 자산을 담는 가장 안전한 그릇이다. 오래 두어도 상하거나 가치가 떨어지는 확률이 매우 작거나 아예 없다. 소위 노른자위 부동산은 대체제가 없기 때문에 부르는 게 값이다. 피와 땀이 많이 묻은 돈일수록 안전한 그릇에 담아야 한다. 그게 부동산이다.

빚을 지면
하늘이 무너지는 줄 안다

성공한 사람들이 알려주는 가장 흔한 재테크 방법이 '절약'이다. 나 역시 절약이 훌륭한 재테크인 것에는 동의한다. 그러나 나는 모든 사람들에게 절약하라고 강요하지는 않는다. 우리 집만 해도 절약이 쉽지 않았다. 어릴 때부터 가난한 집에서 몸으로 절약을 배운 나와는 달리 아내는 학교 선생님이셨던 부모님 밑에서 지극히 평범하게 자랐다. 부족함 없이 자랐기에 절약을 해야 하는 '이유'와 절약하는 '방법'을 가지고 한참을 이야기해야 하는 경우가 생긴다. 어릴 때 배우지 않은 것을 성인이 돼 배우기가 쉽지 않다는 것을 절감한다. 나도 이러한데 다른 사람이야 오죽하랴.

모두가 절약만으로 부자가 될 수는 없다. 월급쟁이가 부자가 될 수 없는 것도 같은 원리다. 지출을 줄이는 것이 자본을 늘리는 최고의 방법이라고 해도 내가 할 수 없다면 무용지물이다. 절약이 몸에 밴 사람이 아닐수록 더더욱 머리를 써서 가난을 벗어나는 방법, 부를 이루는 방법을 찾아야 한다.

왜 부모님은 절대로 빚은 지지 말라고 하셨을까?

부동산 투자 상담을 하면서 만난 이들 중에는 대출을 꺼리는 분들이 종종 있다. 왜 그런 생각을 갖게 됐는지를 물어보면 절약을 강조하던 부모님이 "절대로 빚은 지지 말"고 신신당부를 하셨다는 이야기를 듣는다. 부모님 역시 빚에 허덕이는 모습을 보여서 갑갑했다는 말도 들었다. 나는 개인적으로 안 좋은 경험이 사실을 왜곡해서 보게 하는 것은 아닐까 하는 의문이 들었다.

"부모님은 무슨 일을 하셨는데요?"

"장사를 하셨습니다."

"근데 왜 빚을 지셨을까요?"

"장사가 잘 안 됐어요. 그래도 재료는 매일 사야 하고 가게 문은 열어야 하니까 빚을 져서 가게를 운영하셨습니다. 그러다 결국 빚만 떠안고 가게를 접어야 했지요."

나는 조목조목 무엇이 문제인지 설명하기 시작했다.

엄밀히 말해서 빚이 문제가 아니었다. 장사가 잘 되지 않는 가게를 '성실함' 하나 만으로 유지하신 것이 문제였다. 장사가 잘 되지 않으면 잘 되는 방법을 찾거나 그도 아니면 밑 빠진 독에 물을 채우는 일을 멈추고 장사를 접었어야 했다. 그 무지에 가까운 우직함이 부모님에게는 후회를, 자식들에게는 빚에 대한 잘못된 고정관념을 갖게 한 것이다.

집은 월급을 모아 사는 게 아니다

투자는 둘째 치고 집을 살 때 우리는 빚을 져야 한다. 부동산은 덩치가 큰 자산이다. 적은 돈으로 살 수는 없다. 때문에 월급을 모아서 살 수가 없다. 저축을 해서는 죽을 때가 되어서야 집을 장만하거나 죽을 때에도 집을 마련하지 못할 가능성이 높다.

그럼 집은 어떻게 사야 하는가? 레버리지를 활용해야 한다. 대출을 끼든 전세를 끼고 사야 살 수 있다. 그럼 대출은 언제 갚고 전세는 언제 내보내는가? 가장 쉬운 방법은 집을 처분할 때 갚는 것이다. 그리고 다음 집을 살 때 다시 대출을 하면 된다. 전세입자를 내보낼 때도 마찬가지다. 대출을 받아서 내보내면 된다. 그 역시 집을 팔면 해결이 된다. 적은 이자를 내면 집이 주는 효용을 누릴 수 있고, 집값이 올라가면 인플레이션의 위험을 해소할 수 있다. 수도권, 특히 서울시 대부분의 집은 인플레이션 이상으로 오르고, 임금인상률보다는 월등히 더 오르기 때문이다.

가계부채가 느는 것은 당연하다

집값이 오르는 시기에 언론에서는 가계부채에 대한 우려 기사를 쏟

1장 투자를 막는 12가지 착각에서 벗어나라

아낸다. 가계부채가 늘어서 곧 나라가 망하기라도 할 것 같다. 빚내서 집을 사는 사람들을 쫄게 만든다. 자기 집이 필요한 이들 마저도 집을 사지 못하게 겁을 주는 것 같다. 나아가 전문가라고 하는 이들조차 언론에서 가계부채 때문에 위기 상황이 닥칠 것이라면서 가격 조정이 올 거라는 이야기를 해댄다. 그런데 정말 과연 그럴까?

대출 시스템은 세계의 경제를 돌리는 원심력이다. 사람들이 본인의 소득만으로 살 수 없는 것들을 그들의 미래 소득을 담보로 지금 당장 살 수 있도록 해준다. 대출로 높아진 구매력은 경제에 활력을 불어 넣는다. 대출에 의한 실물자산의 가격상승은 예견된 미래이다. 수요자가 일으킨 대출은 구매력을 높여 경쟁을 도모하므로 실물자산의 가격 또한 오를 수밖에 없다.

결과적으로 가계부채가 느는 것은 당연하다. 경제가 성장하면서 돈을 찍어내는 만큼 부채도 늘어나는 것이다. 이를 문제라고 생각하는 것은 빚에 대한 안 좋은 감정 때문이다. 부채는 애초에 적어질 수가 없다. 증가폭이 둔화됐다는 건 제어가 되고 있다는 이야기다.

그럼에도 만일 가계부채로 인해 조정이 온다면 그것은 금리가 급등할 경우이다. 8~9% 대로 금리가 높아져, 가계 경제가 이자로 휘청거릴 수준이 돼야 한다. 그 이전까지는 기우일뿐이다. 문재인 정부 이후로는 각종 부동산 규제로 대출이 매우 어려워졌다. 강제적으로 가계의 부채가 관리되고 있는 만큼 건전성에도 문제가 없다. 그리고 최근에는 가계부채 증가폭도 둔화되고 있다.

빚을 갚는 사이 집도 일을 한다

좋은 칼이 있고 나쁜 칼이 있듯, 빚도 좋은 빚이 있고 나쁜 빚이 있다. 자산을 줄이게 만드는 것은 나쁜 빚이다. 반대로 자산을 늘려주는 것은 좋은 빚이다.

절약이 어려운 이일수록 과감하게 빚을 내서 집을 사야 한다. 단순히 소비를 위한 것이 아니지 않은가?

빚에는 마법과 같은 기능이 하나 숨어 있다. 바로 강제 저축 능력이다. 빚을 진 사람은 이자를 내면서 원리금도 함께 갚는다. 아무리 씀씀이가 헤픈 사람이라도 빚 무서운 줄은 알기 때문에 소비를 줄여서라도 빚은 갚는다. 게다가 금리보다 높은 수준으로 집값이 올라주기 때문에 자산을 키우는 효과도 볼 수 있다.

요즘 같은 시대에 빚이 없다는 것은 자랑이 아니다. 이왕 받을 빚 자신감 있게 받자. 빚을 갚으면서 버티는 사이 집이 일을 해서 나의 자산을 불려줄 것이다.

1장 투자를 막는 12가지 착각에서 벗어나라

곧 나라가 망할 텐데
투자가 웬 말이냐고 한다

"이런 불경기는 처음이다."

최근 20년 간 수없이 들었던 말이다. 불경기로 인해 자영업자가 힘들고 서민생활이 팍팍해진 것은 사실이다. 그러나 이 불경기 중에도 세상은 돌아간다.

물론 이 시간에도 많은 비관론자들은 이야기 한다.

"IMF 이후 2000년대 초반 IT 버블, 2004년 카드대란, 2007년 미국의 서브프라임 사태까지 겪으며 자영업자들은 대란 속에 있고, 중소기업은 몰락했으며, 경제는 파탄 났다."

그러나 이 말은 100% 진실이 아니다. 우리 중에는 하루하루 먹고 사는 것에 급급한 사람도 있지만 윤택한 삶을 누리며 내일을 기약하는 사람도 있다. 누군가는 돈을 잃지만 누군가는 돈을 번다. 혹여 내가 가난하다고 해서 세상 모두가 가난하다고 생각해서는 안 된다. 세상에는 내가 모르는 수많은 부자들이 있다. 그들이 어떻게 부를 이루었는지 알아야 나도 부자가 될 수 있다.

당장 불황이 닥쳐서 길거리에 나앉을 걱정으로 내일을 준비하지 않는다면 10년 후에도 지금과 전혀 다르지 않을 것이다.

대한민국의 체력은 그렇게 약하지 않다

우리나라는 GDP 면에서 호주와 캐나다, 스페인을 넘어섰다. 코스피 상장사 중 20위권 기업들의 매출은 20조 원을 넘어선다. 지역 백화점 한 곳의 매출이 1년 1조 원을 뛰어넘는다. 각 백화점에는 1년에 1억 원 이상을 쓰는 고객을 위한 라운지가 따로 준비돼 있다. 이들의 지출은 꾸준히 늘고 있다.

우리나라는 1년에 휴대폰만 100억 달러 이상을 수출한다. 주식부자라고 하는 배당 소득 상위 1%의 사람들이 2019년 한 해 동안 받아 간 돈이 13조 5,000억 원이다. 국민 9만 3,000여 명이 수혜자가 됐다. 2019년 시중은행 4곳의 10억 원 이상 정기예금 잔액이 293조 원이었다. 1억 원 이하 예금보다 두세 배 속도로 늘고 있다고 한다. 2019년 12월 기준 최소 1억 원 이상 투자해야 하는 사모펀드 가입 잔액은 23조 9,000억 원이다. 뿐만 아니라 2019년 기준 우리 국민의 개인 예금은 623조 원이다. 그중 상위 1%가 예치한 금액이 283조 원이다. 쓸 거 다 쓰고도 돈이 남는 사람들이 갈수록 늘고 있다. 빈부 격차가 벌어지고 있으나, 경기 자체에는 문제가 있다고 보기 어렵다.

1장 투자를 막는 12가지 착각에서 벗어나라

문제는 빈부 격차다. 상위 소득자에게 자본이 쏠리고 있다. 기술이 발전하면서 과거에는 100명이 필요했던 일이 1명으로 축소 가능한 세상이 되었다. 100명이 같이 나눠 먹고 살던 것을 1명이 다 먹을 수 있는 시스템으로 변화했다. 덕분에 부자도 가난한 자도 늘고 있다. 내 소득이 세상의 기준이라는 생각을 버려야 한다. 돈이 많아진 이들이 찾게 될 부동산은 무엇인가를 알아야 한다. 그것을 찾아 선점하면 가난해질 일은 절대로 없다.

모두가 위기와 파탄의 주인공이라는 착각

불과 얼마 전 일이다. 2020년 3월 코로나로 전 세계 경기가 얼어붙었다. 주식은 며칠 사이에 1400대로 추락했고 부동산 폭락론에도 힘이 실렸다. 너도 나도 길거리에 나앉을 걱정에 잠을 이루지 못했다. 그러나 그 일이 있던 순간에도 다른 세상은 돌아가고 있었다.

코로나 사태가 심각했던 시기에도 현대차에서 출시한 7,000만 원대 고급 SUV인 GV80은 10일 만에 2만 대가 팔렸다고 한다. 현대차에서 계획한 한 해 목표 대수인 2만 4,000대에 육박하는 수치로, 차를 받으려면 6개월이나 기다려야 한다. 2019년에 수입차 벤츠는 7만 8,000대나 팔렸다. 금액으로 환산하면 7조 원어치다. 불경기라고 모두가 목소리를 높이는 중에도 배달 플랫폼 시장은 그 규모를 5조 원으로 키웠다.

이처럼 아무리 불황에 힘들다고 이야기를 해도 있는 사람들의 세상

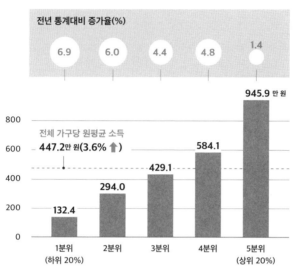

가구당 월평균 소득 (2019년 4분기 명목소득 기준, 전국 가구 2인 이상)

전년 통계대비 증가율(%)

| 6.9 | 6.0 | 4.4 | 4.8 | 1.4 |

945.9 만 원

전체 가구당 원평균 소득
447.2만 원(3.6% ↑)

584.1

429.1

294.0

132.4

| 1분위
(하위 20%) | 2분위 | 3분위 | 4분위 | 5분위
(상위 20%) |

출처: 연합뉴스

2020년 2월 통계청이 발표한 <2019년 4분기 소득부문 가계동향조사> 결과를 보면 4분기 전국 가구(2인 이상)의 명목소득은 월평균 477만 2,000원으로 전년 4분기보다 3.6% 늘었다.

은 돌아간다. 가진 자들의 세상은 더욱 잘 돌아간다. 우리나라 가구당 평균 소득은 460만 원이고 상위 5분위는 935만 원을 번다. 고소득자일수록 전년 대비 소득 증가율이 높고 여유자금이 많다. 이들은 가만히 있어도 저축이 되고 서민들은 상상도 못하는 금액의 소비를 한다. 덕분에 경기는 굴러가고 하락과 상승을 반복하며 성장한다. 가난한 사람은 잔뜩 어깨를 웅크릴 때 가진 사람들은 이때를 기회로 삼아 새로운 부를 창출한다.

만일 당신이 불경기 속에서도 부자가 되고 싶다면 모두가 위기와 파탄의 주인공이라는 착각에서 벗어나 부자들에게 무엇을 팔지 어떻게 팔지를 고민해야 한다.

투자란 미래의 부자가 살 것들을 선점하는 것

내가 정의하는 투자란 '미래의 부자들이 자신의 노동으로 모은 돈을 기꺼이 지불할 자산을 내가 먼저 소유하는 것'이다. 이를 위해서는 그들이 정말 갖고자 하는 것이 무엇인지 알아야 하고, 그것을 내가 먼저 거머쥘 용기가 필요하다.

대표적인 종목이 부동산이다.

2010년대 후반부터 마포, 용산, 성동이 뜬 이유는 무엇인가? 강남에 들어가고 싶은 부자들이 강남에 들어가지 못하니 차선책으로 마포와 용산, 성동을 선택했기 때문이다. 강남이라는 한정된 공간에 모두가 들어갈 수는 없으니 차선책을 고려하게 되고, 불시에 마용성의 가격은 가파르게 올랐다. 만일 누군가 이러한 부자들의 심리를 알아서 마용성에 아파트를 사두었다면 그는 빚을 내서 집을 샀을지라도 부자에게 집을 팔면서 환한 웃음을 지었을 것이다.

점차 부동산은 머무는 곳이 아니라 자산을 담는 그릇으로서의 가치가 커지고 있다. 이왕이면 미래 가치가 높은 것, 미래 부자들이 더 사고 싶어 할 것을 선택해야 한다. 그들이 기꺼이 돈을 지불할 부동산을 내가 먼저 가질 수 있다면 나도 함께 부자가 될 수 있을 것이다.

지금 집값은 꼭대기라서 떨어질 일만 남았다고 믿는다

개국 이래 대한민국의 집값은 싼 적이 없었다. 언제나 주택은 참 비싸게 느껴진다. 그래서 상당수 폭락론자들은 "주택 가격이 너무 비싸졌기 때문에 떨어질 수밖에 없고, 집값이 떨어진다면 가까운 나라 일본처럼 될 것"이라고 주장한다. 이러한 주장을 믿는 사람들은 투자는 고사하고 자신의 집도 사려고 하지 않는다. 떨어질 때를 기다려서 사야 하기 때문이다.

그러나 나는 지금까지 "집값이 싸졌기 때문에 오늘 집을 사러 가야겠다"라고 하는 사람을 한 명도 만나지 못했다. 심지어 2008년 이후 서브프라임 사태가 이어지고 경기가 바닥을 쳐서 강남 집값이 30%씩 빠졌을 대도 마찬가지였다. 2014~2105년 집값이 다시 반등의 기미를 보이며 꿈틀 거릴 때에도 곧 다시 주저앉을 거라며 바닥을 기다리는 사람들도 많았다. 쌀 때는 더 싸질 것이라는 이유로, 오르면 곧 떨어질

1장 투자를 막는 12가지 착각에서 벗어나라

것이라는 이유로 집을 사기를 주저했다.

그렇다면 한번 생각해 보자. 도대체 얼마가 적당한 가격인가? 집값이 싸다, 비싸다의 근거는 무엇인가? 과연 집값에 바닥은 어디고 꼭대기는 어디인가?

집은 생각만큼 비싸지 않다

리서치 센터 '마크로빌 엠브레인'에서 전국 만 19~59세 성인남녀 2,000명을 대상으로 부동산 가격 인식 설문조사를 실시한 적이 있다. 몇 년간 "현재의 부동산 가격이 높은 편"이라는 의견은 꾸준히 증가하고 있다. 2013년 82%에서 2016년에는 92.3%로 많아졌다. 설문자들을 자세히 살펴보면, 자기 집에 사는 사람(88.5%)보다 전세(96.2%)와 월세(95.2%)를 사는 사람들이 집을 더 비싸게 느낀다고 한다. 종합해보면 열에 여덟, 아홉은 집값이 비싸다는 데 동의하고 있다고 정리할 수 있다. 그러나 실제 그러한가에 대해서는 전문가들 사이에서도 답이 엇갈린다.

정부에서는 2년마다 일반가구 주거실태 조사를 실시하고 있다. 이를 근거로 가구소득대비 주택 가격비율PIR, Price to income ratio수치로 발표한다. 2018년 PIR은 6.6이었다. 중위가구가 집값을 지불하기 위해서는 6.6년이 필요하다는 이야기다. 물론 소득을 모두 집값으로 사용했을 때 이야기다.

UN인간정주위원회는 PIR이 3~5면 적당하다고 보고하고 있다.

2003년만 해도 우리나라의 PRI는 4.8로 양호한 수준이었다. 그러다가 2008년 5.8로 올랐다 2013년에는 5.5로 떨어졌다. 2015년 다시 5.7로 회복한 이후 꾸준히 상승해 2018년에는 6.6이었다.

그러나 PIR의 상승은 우리나라만의 이야기는 아니다. 경제 위기를 극복한 이래 세계적으로 주택 가격이 상승했다. 홍콩의 2018년 대외경제정책연구원KIEP 발표에 따르면 홍콩의 PIR은 19.4, 중국의 베이징과 상하이도 16을 넘겼다. 시드니는 12.9, 밴쿠버도 12.6이다. 우리나라만 집값이 오르는 것이 아니다. 세계 여러 도시와 비교했을 때, 유독 비싸다고 평가하기는 어렵다.

부동산이 가장 비쌀 때는 내가 살 때?

흔히 부동산을 사고파는 사람들은 부동산 가격에 대해 단순하지만 정확한 기준을 가지고 있다.

"부동산 가격이 가장 비쌀 때는?" "내가 살 때"

"부동산 가격이 가장 쌀 때는?" "내가 팔 때"

여느 장사와 다르지 않다. 그러나 이러한 우스갯소리도 부동산 시장에서는 잘 성립되지 않는다. 나는 실제 자신이 산 가격보다 저렴한 가격에 부동산을 파는 사람을 만나기는 쉽지 않다. 장사꾼은 이문이 남지 않는 장사를 하지 않으려 하는 것처럼, 돈을 남기지 않는 거래는 하고 싶지 않기 때문이다. 더구나 주택이라면 꼭 팔 필요가 없다. 자기기 들어가 살든 남에게 세를 내주든 보유를 하면 그만이다. 이들이 주택을 팔 때는 최소한 세금 이상의 가격이 올랐을 때이다. 물론 그 시기가 집값이 오르는 초기라면 문제가 또 생긴다. 당분간은 아픈 배를 부여잡고 "가장 쌀 때 팔았다"라는 탄식을 내뱉게 될 것이다.

그러나 당신이 살 때가 가장 싼 가격이다

신도시에서 수십 년간 부동산 중개업을 한 사장님을 알고 있다. 이분은 주로 신혼부부나 어린 아이를 둔 부부를 자주 만나는데 집 구매를 망설이는 이들에게는 꼭 "당신이 살 때가 가장 쌀 때"라는 이야기를 들려준다. 단순히 호객행위를 하려고 하는 말씀이 아니다. 수 십 년 중개 경험을 바탕으로 하는 충고이다.

집값은 경제가 좋아지면 오른다. 소득이 늘어나도 오른다. 인구가 줄면 내릴 수 있지만, 가구가 늘어나면 또 다시 집값은 오르기 마련이다. 집값이 조정을 받는 것은 잠깐이다. 거래 구간을 1~2년으로 짧게 두면 아래로 내려가는 가격을 확인할 수도 있지만 5년으로 길게 늘려보면 아무리 비싸게 산 집도 가격이 전 고점 이상으로 올라가 있다. 그런데 우리나라의 평균 자가 거주 기간은 10년이 넘는다. 그러니 어느 시기에 집을 샀든 팔 때는 샀을 때 이상으로 올라가있을 수밖에 없다. 아무리 고점에서 상투를 잡았다고 해도 마찬가지이다.

내게만 더 싸게 살 수 있는 기회가 올 수 있으리라는 믿음은 망상에 가깝다. 이 망상은 자산 형성의 시간을 늦춘다. 물론 내가 산 이후에 갑자기 부동산이 내려갈 수 있다. 그러나 앞서 강조했듯 물건이 싸졌을 때 지를 수 있는 사람은 거의 없다. 더 떨어지길 기대한다. 그렇게 1~2년 지나가면 싼 구간이 끝나고 곧 상승 시기가 온다. 이때 어! 어! 어! 하다가 꼭지에 가서야 조급한 마음에 집을 산다. 지금이 가장 싸다고 생각하고 사는 사람과 이후에 더 싸게 살 수 있다고 믿었던 사람 중 누가 승자인가? 집은 내가 살 때가 가장 쌀 때라고 해도 전혀 틀린 말이 아닌 것이다.

집이란 그저 들어가
사는 곳일 뿐이라 생각한다

한 때 '집은 사는 것이 아니라 사는 곳'이라는 공익광고가 유행했다. 주택에 대한 투기 분위기를 일소하기 위해서였다. 그러나 공익광고의 효과는 미비했다. 실제로 집이 사는 곳 이상의 가치를 지닌다는 것을 많은 사람들이 알고 있었기 때문이다. 아직도 집이 가지는 여러 의미를 깨닫지 못한 이가 있다면 하루라도 빨리 깨닫기를 바랄 뿐이다. 하루 늦으면 하루, 1년 늦으면 1년 자산을 키우는 시간을 버리게 되는 것이다.

"저는 10년을 살았던 집에서 쫓겨났습니다"

하루는 보험 영업을 하는 이가 사무실로 찾아왔다. 30대 초반의 여성분이었는데 본격 보험 상담을 하기에 앞서 자신의 이야기를 좀 하겠노라고 했다. 그분의 주제는 '미래에 대한 대비'였다.

이 분은 8년 전 결혼을 했고 그때부터 쭉 전업주부로 지냈다고 한다. 6년 전 예쁜 딸아이를 낳았고 지금은 어린이집에 맡기고 보험 영업을 다니고 있노라 했다. 보험 일을 시작한 것은 불과 6개월 전이다. 결혼 후 첫 번째 이사를 하고 나서야 비로소 세상 물정에 눈을 뜨고 다시 일을 시작하게 되었다.

이사의 이유는 간단했다. 집주인이 전세금을 올렸기 때문이었다. 엄밀히 말해 여기서 집주인은 실제 집주인은 아니고 그 집을 사게 될 사람이었다. 집을 사기로 하고 세입자의 전세금을 확인하자마자 바로 전세금을 올리겠다는 연락을 해왔다. 그런데 그 금액이 너무 터무니없었고, 가격 조정의 여지도 없이 이사를 결정하게 되었다고 한다.

"글쎄 2억 5,000만 원이나 올려달라고 하더라고요. 10년 전에 저희가 처음 그 집에 들어갈 때부터 이미 시세보다 훨씬 싸게 들어갔다면서요. 그게 틀린 말은 아닌데 너무 황당한 거예요. 2억 5,000만 원이 애 이름도 아니고…."

이야기를 듣고 보니, 처음 신혼집을 고를 때 너무 착한 집주인을 만난 것이 문제였다. 집주인은 갑자기 해외로 발령이 나서 세입자를 들여야 했다. 때문에 금액을 낮춰달라는 신혼부부의 부탁도 흔쾌히 수락했다. 그런데 2~3년이면 될 줄 알았던 해외 근무는 예상보다 길어졌다. 집주인은 특별히 전세금을 올릴 이유가 없었기에 한 번도 전세금을 올리지 않았다. 좋은 집주인을 만난 덕에 신혼부부는 이사 걱정 없이 살림도 늘리고 아이도 낳으며 알콩달콩 살 수 있었다. 외벌이에도 부족함 없이 정말 행복한 시간을 보냈다.

문제는 집주인이 한국에 돌아오면서부터 시작됐다. 집주인은 자신들의 자녀도 커버린 덕분에 더 큰 평수로 이사를 가야했고, 그 집을 당연히 팔아야했다. 그럼에도 마지막까지 세입자를 배려해 되도록 전세를 줄 수 있는 매수인을 찾아주려 했다. 그러나 어느 매수인도 싼 전세금을 맞춰주지는 못했다.

그렇게 세입자의 아내였던 보험설계사는 10년 간 살았던 집을 나와야 했다. 비록 남의 집이었지만, 단 하루도 내 집이 아니라고 생각해보지 본 적이 없는 집이었다. "마치 쫓겨나는 것처럼 아이를 안고 그 집을 나왔어요." 다시 그 날이 떠오른 듯 눈시울을 붉혔다.

착한 집주인은 없다

이야기는 계속 되었다. "저처럼 미래에 대한 준비가 없다면 어려움이 닥쳤을 때 더 곤란하지 않으시겠어요? 지금이라도 보험으로 미래를 대비하세요"라는 결론에 다다랐다. 그런데 같은 시각 나는 머릿속으로 다른 생각을 하고 있었다. "착한 집주인이 있다면, 그는 어떤 사람일까?"라는 의문이 들었다가 "착한 주인은 착한 게 아니다"라는 답을 얻고 혼자서 쓴 웃음을 지었다.

원리는 이러하다. 세입자는 집을 빌려 쓰는 사람이다. 이들에게는 집의 현재 가치가 중요하다. 그래서 같은 집이라도 싸게 빌려주는 주인을 만나고 싶어 한다. 게다가 계약기간이 끝나도 계약을 연장해주고 집값은 올리지 않는 주인을 만나면 정말 행운이다. 이사를 가려면 여러 가지로 불편한 일이 생기고, 중개비에 이사비까지 든다. 피치 못할 사정이 아니라면 한 집에서 오래 사는 것이 좋다.

그러나 이렇게 착한 집주인을 만난 세입자가 마지막까지 행복하기는 쉽지 않다. 앞서 "절약은 몸에 밴 습관"과 같은 것이라는 이야기를 했다. 돈을 벌어서 의식주를 해결하는 데 어려움을 겪지 않는 사람일수록 절약을 하는 것이 더 어렵다. 전세입자가 10년 동안 추가로 주거비를 지출하지 않았으므로 더 많은 저축을 했을 거라고 생각하면 큰 오산이다. 수입의 전부를 생활비로 탕진할 확률이 훨씬 높다. 모아놓은 돈도 없이 새로 집을 얻어야 한다면 정말 눈앞이 캄캄할 것이다. 10년이면 집값은 물론 전세가도 몇 배로 뛰었을 것이기 때문이다. 그러니 세입자에게 착한 집주인은 결과적으로 전혀 착한 것이 아니었던 것이다.

사는 곳 이상의 의미 '내 모든 것'

한국 가계의 부동산 자산 비중은 50% 이상으로 다른 나라에 비해 높은 편이다. 그런데 신기하게도 우리나라의 국부 중 부동산 비중은 77%로, 이보다 웃돈다. 정부에서는 10가구 중 3가구가 자신이 살고 있는 주택 이외의 부동산을 보유하며 불로소득을 거둔다고 비난하지만, 정부 역시 부동산으로 실리를 취하고 있다. 자본주의 세계에서 살아가는 방식은 개인도 정부도 마찬가지인 것이다.

덧붙여 부동산 특히 주택은 누구에게나 사는 곳 이상의 의미를 갖는 것이 명백한 사실이다. 집 때문에 울고 웃는 것이 가장 일반적인 우리네 삶이다. 우리는 보이는 집으로 그 사람의 보이지 않는 자산을 가늠한다. 나아가 집으로 사회적 계급을 나누기도 한다. 때문에 지금보다 더 나은 삶을 위해 더 좋은 집을 원하는 사람들이 대부분이다. 모두가 이러한 생각을 갖고 있기 때문에 집은 단순히 사는 곳이 아니라 '내 모든 것'이 되는 것이다. 집 나아가 부동산이 '내 모든 것'이라는 생각을 해본 적이 있는가? 이런 생각을 해본 적이 없다면 지금부터 꼭 해보길 권한다.

인구 절벽과 함께
부동산 폭락이 시작될 거라 믿는다

2000년대 후반에는 부동산 하락론이 대세였다. 1946년부터 1965년 사이 태어난 베이비부머의 은퇴는 가장 흔히 사용되는 하락론의 논거다. 우리나라 최대 인구 비중을 차지하는 베이비부머가 은퇴하면, 생산 가능인구가 줄어드는 인구 절벽이 나타나고 사회 전반에 걸쳐서 소비 위축 현상이 나타날 것이라 예측했다. 은퇴 후 생계가 어려운 베이비부머가 많아지면 집을 파는 이들도 많아져 주택 가격이 폭락한다는 시나리오였다.

그러나 2020년 현재를 기준으로, 그들의 예상은 빗나간 것으로 판명됐다. 베이비부머의 은퇴시점이 돌아왔지만 이로 인한 가격 하락은 확인되지 않았다. 일각에서는 은퇴의 개념이 달라져, 노년에도 왕성히 경제 활동을 하는 액티브 시니어가 늘어나면서 노인 가구의 수입과 지출이 유지되기 때문이라고 한다. 하지만 나는 집값이 유지되는 데는

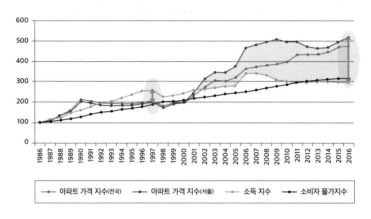

소득과 주택(아파트) 가격 지수 비교

출처: 국토연구원

다른 이유가 있다고 생각한다.

집이 필요한 때는 언제인가?

우리는 언제 새로운 집이 필요한가? 생애주기를 생각해 보자. 가장 먼저는 대학 진학이나 취직으로 인해 독립을 할 때이다. 다음은 결혼을 해서 새로운 가정을 꾸릴 때이다. 그리고 아이를 낳아서 더 큰 집이 필요할 때도 있다. 그럼 이 중에서 '새로' 집을 필요로 할 때는 언제인가? 하나의 집에서 살던 이들이 분화돼 '새로' 가구를 구성할 때다. 독립이나 결혼 혹은 이혼까지도 새 집이 필요한 이유가 된다. 결과적으로 개인은 성장하면서 최소 한 번 이상은 새로운 주택이 필요한 시기를 맞이하게 된다.

장기적으로 수요와 공급을 고려해 본다면 수요는 인구수에도 영향을 받지만 그보다는 가구 수에 더 큰 영향을 받는다. 가구가 분화되면 부동산 시장에 새로운 참여자가 들어온다. 공급이 동일한 조건에서 수요의 증가는 가격 상승의 직접적인 원인이 된다. 가구 수 증가는 앞으로 닥쳐올 인구 감소라는 악재에도 불구하고 부동산 가격을 지켜주는 힘이 되고 있다.

가구가 늘어나면 집값이 오른다

가구 수의 증가가 주택 가격을 끌어올린 것은 쉽게 확인할 수 있다.

1980년 우리나라의 총 가구 수는 797만 가구였는데 2015년에는 1,911만 가구로 '폭증'했다. 폭증이라고 표현한 이유는 같은 기간 인구수는 3,741만 명에서 5,107만 명으로 36.5% 증가했을 뿐인데, 가구 수는 145.5%로 몇 배의 증가세를 보였기 때문이다.

그 사이 1986년의 가격을 100으로 산정한 '아파트 가격 지수'는 2016년 서울과 전국 모두 500에 인접할 정도로 눈에 띄는 증가세를 보였다. 그러나 소득지수와 소비자 물가지수는 같은 기간 300 수준에 머물렀다.

이 시기 가구 수가 늘어난 원인은 부모와 동거하는 세대가 줄어들었기 때문이다. 대가족에서 핵가족으로 변화하고, 농촌에서 도시로 나와 새로운 가구를 꾸린 이들도 많았다.

최근에는 1인가구를 포함한 소형 가구의 약진이 두드러진다. 2006년 14.4%에 불과하던 1인 가구가 2016년에는 27.2%로 급격히 늘었다. 또한 4인 가구는 2006년 29.6%에서 2016년 1.3%로 줄어들었다. 반면 1인 가구와 2인 가구를 합한 수치는 53.3%로 전체 가구의 절반을 넘는다. 덕분에 3~4인 가족을 대상으로 공급되었던 30평대의 인기는 장기적으로 줄어들 것으로 보인다. 이미 작은 평형대의 주택이 더 많이 필요해졌고 가격도 많이 올랐다.

2043년까지 가구 수는 증가한다

2017년 통계청에서는 가구 수 추계를 발표했다. 인구는 2031년까지 증가한 후 감소하지만, 가구 수는 2043년 2,234만 가구까지 증가한 이후에나 감소한다는 내용이 담겨 있었다. 인구 감소가 시작되어도 가구 수는 12년이나 더 증가한 후에 감소한다는 데 주목할 필요가 있다.

아직도 항간에는 우리나라의 인구는 2031년 5,200여 만 명으로 정점을 찍고 감소할 것이기 때문에 10년만 기다리면 집값이 폭락할 것이라는 이야기가 떠돌고 있지만 실현되지 않을 시나리오일 가능성이 높다. 개인적으로는 가구의 트렌드 변화로 주택 수요는 꾸준히 유지될 것으로 보인다.

앞서 이야기했듯 1인 가구가 눈에 띄게 늘고 있다. 1인 가구 하면 흔히 노인이나 대학생을 생각하지만, 홀로 사는 미혼 청장년도 늘고 있다. 거기다 이혼 후 홀로 사는 이들도 있다. 1990년 5만 가구였던 이혼한 1인 가구는 2000년에는 11만 건으로 2배 이상 증가했고 지금도 늘고 있다. 덕분에 2018년 기준 우리나라의 1인 가구는 29.3%를 차지한다. 그런데 이 수치도 40%를 웃도는 주요 선진국의 독신가구 비율보다는 낮은 편이다. 1인 가구의 증가는 꾸준히 계속될 것이다. 주택시장도 이들을 위해 개편될 가능성이 높다. 1인 가구 증가에 따른 주택 수요도 늘어날 것이고, 이들을 고객으로 하는 임대주택 시장도 점차 커질 것이다.

아무데나 사 놓고
"살고 있으니 괜찮다"라고 말한다

"실거주를 하려고 하는데 지금 집을 사도 될까요?"

투자 상담을 할 때 많은 나오는 단골 메뉴이다. 백이면 백, 전문가들은 같은 대답을 한다.

"들어가 사실 거라면 어디든, 언제든 사도 괜찮습니다."

나는 '언제든'은 동의하지만, '어디든'에는 동의할 수 없다. 부동산은 마음대로 찍어낼 수 없다는 유한성을 바탕으로 가격이 상승하는 재화이다. 물량 폭탄으로 희소성이 희석되는 곳이나, 생활의 불편 때문에 찾는 이가 없는 곳이라면 가격이 오르기 어렵고 인플레이션 방어도 할 수 없다. 이런 식으로 부동산의 첫발을 떼고 다시는 부동산을 쳐다보지 않는 이들도 종종 있다. "집은 언제든 사도 괜찮지만 아무데나 사서는 안 된다"가 나의 지론이다.

미분양 아파트에서 20년째 강제 거주중입니다

참 똑똑한 선배가 있었다. 공부를 잘해서 좋은 대학에 갔고 졸업과 동시에 S전자에 취직을 했다. 90년대 호황기에 S전자에 다녔으니 급여도 상당했다. 선배의 고민은 먼 출퇴근 거리였다. 강북에서 수원으로 출퇴근하기가 어려워 인근에 집을 알아보았다. 마침 결혼 계획도 있어 집을 사야겠다는 결심을 굳혔다.

그리고 선배가 찾아간 곳은 1군 건설사가 지은 수원의 한 미분양 아파트였다. 수원에서 개발이 덜 된 외곽에 속했지만 본인 차로 10분 정도면 수원 다음 역인 세류역에 갈 수 있었고, 버스를 이용하면 출퇴근에는 무리가 없었다. 선배는 계약을 했고 서른도 되기 전에 자가 아파트를 갖게 됐다. 그런데 결혼을 하고 아이를 낳고 살다 보니 뭔가 이상하다는 느낌이 들기 시작했다. 비어 있던 신축 아파트 부지에 빌라들이 들어오기 시작했다. 오른쪽에는 연식이 좀 더 된 아파트 단지가 붙어 있었지만 왼쪽으로는 빌라촌이 형성되는 모양새였다.

아이가 초등학교에 입학할 때 부동산을 찾은 선배는 살고 있는 아파트가 수원 전체 아파트 중에서 유독 가격이 오르지 않았다는 것을 알았다. 입주 후 2~3년 만에 1억 원이 올랐지만 딱 거기까지였다. 부동산에서는 그 집을 팔아서 수원 중심부로 이사를 하기에 무리라는 판단이었다. 선배는 고민만 하다가 결론을 내렸다. "내가 살고 있으니 괜찮다"라고 스스로를 위로하기 시작한 것이다.

살고 있는 집도 오를 곳이어야 한다

현실은 부동산 투자자들의 조언과 다르다. 내가 살고 있는 집이니 집값이 떨어져도 상관없다고 생각하는 사람은 없다. 주택에는 거주공간으로서의 의미도 있지만 투자재로서의 의미도 있다. 내 자산을 담는 그릇으로서도 역할을 해주어야 한다. 그렇지 못한 집이라면 사서는 안 되고 샀다면 팔고 나와야 한다.

집을 사는 사람들은 대부분 빚을 져서 산다. 담보가 되는 집의 가치가 떨어지면 은행에 더 많은 돈을 내는 상황이 벌어진다. 거기에 인플레이션까지 더해지면, 살고 있는 집도 팔고 싶어진다. 잘못된 선택으로 상당한 스트레스를 경험하기도 한다.

내 주변만 돌아봐도 이런 일을 경험한 이가 한둘이 아니다. 왜 그럴까? 부동산과 경제에 관심이 없기 때문이다. 모든 나라의 법률은 무지로 인한 피해를 보상해 주지 않는다. 경제도 마찬가지다. 자기 집에 대해 무관심한 사람, 경제 뉴스에 관심이 없는 사람, 부동산은 먼 나라 이야기라고 생각하는 사람의 자본을 지켜주는 시장은 없다. 자본주의 사회에서 무지는 반드시 손해로 이어지기 마련이다.

자본과 금융 중심으로 돌아가는 세상에서 살아가는 법

집을 살 때는 집만 보지 말고 환경도 살펴봐야 한다. 현재 있는 교통, 학군, 일자리, 상권 외에 앞으로 달라질 것들도 체크를 해야 한다. 최소한 다른 부동산 가격이 오를 때에 따라서 오를 가능성이 있는 곳을 가지고 있어야 떨어지고 내리는 변동 상황에도 마음을 놓을 수 있다.

부동산 투자를 못하게 하는 가장 흔한 걸림돌은 '무지'다. 모르면 실수를 하게 된다. 실수는 배움의 원천이라고 하지만, 세상에는 실수를 인정하지 않고 자기 위안으로 버티는 이들이 더 많다. 나의 선배처럼 "살고 있으니 그만"이라며 부동산에 대한 관심을 아예 꺼버리는 경우가 허다하다.

세상은 점차 자본과 금융을 중심으로 돌아가고 있다. 금융위기 이후 우리나라 사람들도 세계경기가 우리 안방에까지 영향을 미친다는 것을 배웠다. 2020년을 강타하고 있는 코로나19 사태도 마찬가지이다. 동네 부동산중개소 사장님한테 집 나온 거 있냐고 묻기 전에 글로벌 경제뉴스를 먼저 듣는 것이 요즘 트렌드이다. 공부하고 배워야 실수와 실패를 줄일 수 있다.

세금 폭탄이 무서워
부동산을 살 수 없다고 한다

　세금은 국가를 유지하고 국민 생활의 발전을 위해 국민들의 소득 일부분을 국가에 납부하는 돈이다. 국민은 세금을 내고 국가는 세금으로 운영된다. 모두가 다 아는 단순한 이치다. 그런데 내가 세금을 낼 때가 되면 은근 배가 아프다. 내가 돈을 더 많이 벌어서 세금도 많아지는 것인데, 배가 아픈 것은 별반 다르지 않다. 세금과 투자의 암초로 작동하기 전에 중심을 잘 잡아야 한다.

상위 2%를 걱정하는 언론에 속지마라

　부동산 투자에서 '세금'은 참 큰 걸림돌이다. 최근에는 '종합부동산세'(이하 종부세)가 화제가 되었다. 2019년 '12·16 주택시장 안정방안'이 발표된 이후 일간지는 대부분 '종부세 폭탄'이라는 기사로 장식됐다. 세율 인상에 종부세 폭탄이 현실화되면 투자자는 물론 실거주자도 세금 때문에 가계가 휘청거릴 거라는 내용이었다.

그러나 상식적으로, 아무리 세금을 더 많이 걷어야 나라 살림이 좋아진다고 해도 '반정부 정서'를 키우면서 세금을 올리기는 쉽지 않다. 그 실상을 들여다보면 언론에서 이야기하는 것보다 심각도가 떨어지는 경우가 종종 있다.

2019년 12월 기준으로 공시가격 10억 원인 마포 래미안푸르지오의 종합부동산세는 22만 원이었다. 공시가격 11억 2,000만 원인 강남 은마아파트도 48만 원이었다. 마포 래미안푸르지오와 강남 은마아파트를 모두 가지고 있는 40대 직장인이라도 내야 하는 종부세는 1,134만 원이었다. 두 아파트의 당시 시세는 마포 래미안푸르지오가 18억, 강남 은마아파트가 22억 원에 달했다. 그러나 이 정도 부를 가지고 있는 이들이 과연 얼마나 될까? 이 정도 부자는 종부세 대상자의 1%도 되지 않는다.

언론은 어떤 사건을 극단적으로 과장해서 알리는 경향이 있다. 부동산 세금에 대해서는 쭉 같은 입장을 펼쳐왔다. 조선, 중앙, 동아일보 등 중요 신문의 구독자가 중산층 이상이기 때문이라고 생각된다. 그러나 시가 40억 원의 아파트를 소유하는 것은 일반적인 경우는 아니다. 2018년 기준 종부세 과세 대상은 33만 명으로 전체 국민의 약 2%였다.

1장 투자를 막는 12가지 착각에서 벗어나라

가장 많은 건 공시가 3억 원 미만의 공동주택

정부에서는 공시가격 현실화를 주장하며 실제 공시가격을 올리고 있지만 아직 시세수준까지 올라오지는 않았다. 2019년 정부에서 발표한 '가격(시세)별 공동주택 공시가격 평균 변동안'을 살펴보면 가장 많은 비중을 차지하는 것은 3억 원 미만 공동주택으로 전체의 69.4%이다. 다음이 3억 원에서 6억 원 사이의 공동주택이 21.7%를 차지했다. 6억 원 이상 공동주택은 모두 합쳐 8.9%였다. 6억 원 이상을 대상으로 하는 종합부동산세와 무관한 주택이 전체의 91.2%에 달한다. 게다가 종합부동산세는 인별 합산이다. 1인당 보유한 부동산 가격이 기준을 넘어야 과세가 된다. 부부가 공시가격 12억 원의 아파트를 가지고 있다고 해도, 공동명의로 하면 과세 대상이 아니다.

세금에 쫄아서 투자를 멈추지 말 것

우리나라의 부동산 거래는 굉장히 투명하다. 실거래 신고가 의무화되어 세금도 피할 수 없다. 부동산은 보통 취득 시점, 보유 시점, 양도 시점으로 내는 세금이 다르다. 취득 시에는 인지세와 취득세, 농어촌특별세, 지방교육세 등을 내야하고 보유 시에는 재산세와 종합부동산세, 지방교육세 등을 내야 한다. 보편적으로 1가구 2주택 이상이라면 양도 시에는 양도소득세와 지방소득세를 내야 한다.

그러나 세금을 내는 것을 극단적으로 무서워할 필요는 없다. 취득세와 보유세는 그렇다 해도, 양도 시의 세금은 양도소득에 의해서 부과된다. 소득이 있기 때문에 세금을 내는 것이다. 그것도 일시적으로 1가구 2주택을 활용하거나 절세방안을 확인하면 아예 안 내거나 줄일 수 있는 방법이 있다.

투자의 관점에서 부동산에 매겨진 세금은 긍정적인 면도 있다. 거래 시 발생하는 비교적 큰 세금이 '강제 존버'를 유지시켜 주기 때문이다. 아무리 작아도 몇 백, 보통은 몇 천만 원에 달하는 세금은 거래를 자주 할 수 없게 만든다. 때문에 오래 가지고 있게 하고 더 버티게 한다. 세금은 거래를 불편하게 하는 걸림돌이기도 하지만 투자를 완성시키는 매매 제한 요건이 되기도 하는 것이다. 하지만 그렇다고 세금에 쫄아서 투자를 멈추는 것은 어리석은 것이다.

종잣돈이 없어서
투자를 못한다고 말한다

많은 자산의 종류 가운데 부동산 투자의 장점은 무엇인가? 나는 투자의 성패가 직접적으로 삶에 영향을 미친다고 생각한다. 우리가 머무는 대부분의 공간은 사실 부동산이다. 투자를 위해서는 지역도 알아야 하고 사람도 알아야 한다. 그 과정에서 새로운 사람을 만나고 세상 돌아가는 것도 알 수 있다. 투자를 하면 세상을 바라보는 새로운 눈이 생기는 것을 경험할 수 있다.

풀 레버지리를 활용해 보았는가?

30대에 주택을 구입하는 이들이 많아지면서 '영끌'이라는 말이 유행했다. 가진 자본이 많지 않기 때문에 영혼까지 끌어 모은다는, 자본의 최대치를 끌어 모으는 것을 뜻한다. 그 과정에 절절함이 묻어 있다.

"놀부님 덕분에 집을 샀어요"라는 인사만큼 반가운 것도 없다. 유튜브를 보고 집을 살 결심을 했고, 체계적으로 계획을 세워서 집을 마련했다는 이야기였다. 영상에서 강조한 것도 그 내용이었다.

인사를 건넨 구독자의 희망은 강남에서 아이를 키우는 것이었다. 맞벌이를 오래 할 것이기 때문에 사교육에 많이 의지하게 될 것이고, 학원 등 교육 시설이 갖춰진 곳이 필요했다. 부부는 신중하게 고민을 해서 후보지를 골랐다. 역세권에 있는 대단지 신축 아파트가 1순위였다. 그러나 너무 비쌌다. 아직 아이는 없지만 결혼 3~4년 차가 모을 수 있는 금액으로는 꿈도 못 꿀 상황이었다. 부부는 1순위가 아이에게 좋은 곳이라는 것을 다시 확인하고 후보지를 목동으로 바꾸었다. 재건축을 내다볼 수 있는 구축과 비교적 저렴한 10년 안팎의 준 신축 아파트를 두고 고민을 했다. 결국 목동역 근처의 중급 세대수의 준 신축으로 결정을 하고 돈을 맞춰보기로 했다.

정부의 대출 규제를 고려하면 추가로 필요한 돈이 3억 원이었다. 보통의 사람이라면 아마도 이 단지를 포기했을 것이다. 그런데 이 부부는 굴하지 않고 방법을 찾기로 했다. 각자 부모님에게 증여세 비과세 구간인 5,000만 원의 돈을 부탁했다. 그리고 나머지 2억 원은 남편의 형에게 차용증(금전소비대차계약서)을 쓰고 빌렸다. 10년 한도에 4.6% 이자를 주기로 하고 공증까지 받았다. 뒤에 들은 이야기지만 남편은 형에게 무릎까지 꿇었다고 한다. 자녀를 위한 간절함으로 안 되는 일을 되게 만든 것이다.

사는 게 가장 중요하다

투자에서 가장 중요한 것이 무엇이냐고 묻는다면 나는 숨도 안 쉬고 대답할 수 있다. 바로 '사는 것'이다. 원리와 원칙 그리고 기본이 중요하다고 하지만 매물을 사야 투자를 실행했다고 할 수 있다. 스스로 등기를 쳐서 내 것으로 만든 자의 경험은 책으로 대신할 수 없다.

그런데 부동산 투자를 막는 대표적인 것이 '종잣돈'과 '기다림'이다. 지금은 돈이 없기 때문에, 지금은 고가이기 때문에 돈이 좀 더 모이면, 집값이 좀 더 떨어지면 투자를 하겠다고들 한다. 그러나 그때가 언제 올지는 아무도 모른다.

전문가든 아마추어든 사람은 똑같다. 집값이 가장 저렴한 시기는 아무도 모른다. 자본주의 세상에서 가격을 정하는 것은 수요와 공급의 일이지만, 폭락장이나 상승장을 알아맞히는 것은 신의 영역이라 비유하는 만큼 예측불허다.

투자 영역에서 프로와 아마추어의 차이는 빠른 결정이다. 기본기를 갖추고 공부를 많이 한 사람들이 기회를 잡을 수 있다. 그러나 그보다 중요한 것이 실전 경험이다. 많이 사 보면 프로는 아니어도 준프로 쯤은 될 수 있다. 영혼까지 끌어모아서 부동산에 투자해보면 이전과는 세상이 달리 보일 것이다. 내가 새 신발을 사면 길거리에 나온 무수한 사람들의 신발만 쳐다보게 되는 것이 사람이다. 내 것이 되면 저절로 알고 싶고 배우고 싶어진다. 부동산에 대한 눈이 드디어 뜨이기 시작하는 것이다.

종잣돈 타령 좀 그만하자

종잣돈 이야기를 좀 더 해보자. 세상 모든 투자는 돈 놓고 돈 먹기이다. 총알이 있어야 장전을 하고 발사도 하고 명중도 할 수 있다. 그런데 부동산 투자는 주식, 채권, 펀드보다 최소 단위가 크다. 부동산 투자를 포함한 대부분의 재테크 서적은 종잣돈 만들기를 강조하는 것도 같은 이유다. 종잣돈만 모으면 다음에는 돈이 돈을 벌어 자연스럽게 부자가 될 거라는 말도 안 되는 결론을 들이미는 책도 있다. 하지만 이는 사실이 아니다.

종잣돈 타령에 앞서 2가지를 깨달아야 한다.

우선 종잣돈은 재테크의 시작이지 완성이 아니다. 종잣돈을 만드는 중에 끊임없이 자기계발을 하고 공부를 해야 한다. 그래야 애써 모은 돈을 허무하게 잃지 않는다. 2,000만~3,000만 원 큰돈을 주식 거래 몇 번에 몇 십만 원으로 만든 경우를 수없이 보았다. 엉뚱한 데 써버리는 경우도 흔치 않다. 평상시 확실한 목표지점을 정해놓지 않으면 허무하게 몇 년 수고가 날아간다.

둘째, 종잣돈이 없어 투자를 못한다는 것은 변명이다. 경매로 나온 물건 중 인천과 수도권 외곽을 살피면 500만 원으로도 낙찰받을 수 있는 물건이 있다. 경락잔금 대출을 이용하면 돈이 없어도 투자가 가능하다. 물론 손품, 발품을 열심히 팔아야 한다. 가진 게 없으니 몸이 피곤해 지는 것은 당연하다. 그래도 투자를 통해 자산은 늘어난다.

투자는 돈이 하는 것이 아니라 의지로 시작하는 것이다. 내 어머니가 그러했듯 누구나 할 수 있다.

어제는 열정이 넘쳤지만
오늘은 치킨과 맥주에 만족한다

　강연장을 나서는 사람들의 눈은 대개 초롱초롱하다. 부동산 투자 강연은 특히 그러하다. 성공 스토리로 강연자의 기운을 받은 데다 개인적 목표도 명확해져 당장 내일이라도 무슨 일을 낼 것만 같다. 그러나 알다시피 딱 거기까지다. 고작 하룻밤만 지나도 마법은 풀리고 열정은 사라진다.

　일상의 힘은 대단하다. 페달을 돌리는 데 집중하다 보면 핸들을 트는 일이 매우 어렵다. 페달도 돌리고 핸들도 틀기 위해서는 정확한 목표지점을 인식하고 앞으로 나아갈 체력이 필요한데, 일상이 팍팍할수록 운전은 쉽지 않다. 그렇게 평생을 일상에서 벗어나지 못하면 자신이 가진 자산도 예상하는 수준을 벗어나지 못하기 마련이다.

어머니는 왜 미싱에서 내려오지 못했을까?

서문에도 언급했지만 어머니는 내가 초중고 시절을 보내는 동안 미싱 위에서 보내셨다. 중학생이 된 나를 붙잡고 공부도 가르쳐주셨지만 가장 1순위는 미싱이었다. 일주일에 두 번씩 어머니는 큰 짐을 나르셨다. 하루는 원단이 들어왔고 하루는 물건이 나갔다. 종류는 다양했다. 이불, 베개, 방석 가끔은 아이들 배냇저고리도 만드셨다. 기본적으로 성실한데다 일도 열심히 한 덕분에 소문도 자자했다. 일감은 점점 더 많아졌고 어머니는 더 많은 시간을 미싱에 앉아 있어야 했다. 하지만 이상하게도 우리 집은 늘 가난했다. 최저임금이 낮던 시절이기도 했고, 미싱 일 자체가 큰돈이 되지 못했기 때문이기도 하다. 항상 근근이 살아가는 정도로 그쳤다.

미싱 일의 문제는 소득을 많이 늘려주지 못하는 것뿐만이 아니었다. 대부분의 육체노동이 그러하듯 미싱 일도 눈과 귀를 닫게 만든다. 시간적 여유가 없기 때문이다. 어머니는 미싱 일 때문에 집을 산 이후로 세상 돌아가는 것에 무딘 사람이 되었다. 눈 옆을 가리고 달리는 말처럼 하루의 일거리만 보며 사셨다. 어머니에게 필요한 것은 강제 휴가였다. 중국으로 대형 공장이 이전을 해서 미싱 일이 사양길에 접어들고, 새로 시작한 곱창집도 매출이 줄기 시작한 뒤에야 어머니는 진짜 돈 버는 다른 길을 고민하기 시작하셨다. 다행히 성실함이라는 내력 덕분에, 공인중개사 시험은 2년 만에 합격하셨다.

동네 어귀에서 소주를 기울이던 아저씨들을 떠올리며

어머니가 미싱 일에 한창일 때 나는 저녁 무렵 동네 입구로 자주 나갔다. 작은 슈퍼에 가서 100원 200원짜리 주전부리를 사 먹는 재미 때문이었다. 말이 슈퍼지 구멍가게였다. 그런데 저녁쯤에 슈퍼에 가보면 어김없이 평상에 아버지 친구 분들이 둘러 앉아 소주를 마시는 것을 볼 수 있었다. 아저씨들은 친절했다. 가끔 머리를 쓰다듬으며 과자도 사주었다. 아저씨들은 크게 소란을 피우거나 하지도 않았다. 그저 조용히 술을 마셨다. 그리고 더도 덜도 없이 각각 소주 1병씩을 비우고 집으로 돌아갔다. 아버지에게 이유를 물어보니 내일도 새벽이면 일을 하러 가야하기 때문이라고 했다.

요즘 치킨과 맥주를 즐겨 먹는 또래들을 보며 나는 어릴 때 보았던 아저씨들을 떠올린다. 요즘 친구들은 훨씬 세련됐다. 깔끔한 외모에 전체적인 기운도 밝다. 그런데도 멋진 양복과 구두 그리고 넥타이로 꾸민 그들에게서 예전에 보았던 아저씨들이 보인다. 술이라는 작은 위로거리로 삶의 고단함을 풀고 하루를 마감하는 것은 똑같다. 후줄근한 작업복에 작업화가 양복과 구두로 바뀌었을 뿐이다. 앞만 보며 사는 것은 나의 어머니나 그날의 아저씨들과 다를 바가 없다.

부자가 되려면 욕심이 있어야 한다

"롤렉스를 사서 한번 손목에 감아보세요. 그럼 깨닫게 되실 겁니다."

강연장에서 나는 돈의 매력을 한번 느껴보라고 말한다. 돈의 영향력을 한번 경험해보라. 다들 눈이 휘둥그레지는 짜릿한 돈의 맛을 한번 느끼게 되면 식어있는 열정도 다시 살아날 것이다.

돈은 '가능성'의 집합이다. 경제적 자유뿐만 아니라 시간적 자유도 얻을 수 있다.

나는 오전에 운동을 하거나 사람들을 만나고 점심을 먹은 후 본격적인 업무를 시작한다. 1~2시간 뉴스 자료를 모으고, 1~2시간은 콘텐츠를 만든다. 그리고 1시간 정도 투자 업무를 정리하고 늦어도 5시 전에는 퇴근을 한다. 어린 아이를 돌보는 아내와 육아를 나누기 위해서다. 충분한 수면과 운동 그리고 규칙적인 생활로 건강도 좋다. 아마 피곤한 하루를 마치고 치맥에 만족하며 살았다면 결코 누리지 못했을 삶이다.

사소한 것에서 기쁨을 누리며 만족하는 삶은 지금껏 충분하지 않았는가? 어제와 같은 오늘이 내일까지 1년 후까지 10년 후까지 반복되기를 원하는가? 아니라면 매일매일 스스로에게 마법을 걸어 투자 공부는 물론 당장 실천할 수 있는 실행력을 갖춰보도록 하자, 실행하는 순간 나와 세상은 분명히 달라져 있을 것이다.

부동산 재테크 불변의 법칙

원칙과 기본을 알아야 실패하지 않는다

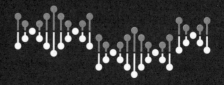

그래도 부동산이라고
말하는 이유

2000년대 초반이었다. 고등학교 선배가 돌잔치를 했다. 친구들과 돈을 합쳐 생애 처음으로 '돌 반지'라는 것을 샀던 기억이 난다. 금 3.75g 1돈짜리가 6만 원대였다. 그로부터 20년도 안된 2020년, 금값은 1돈에 23만 원을 넘겼다. 산수로 계산해도 400%에 가까운 수익률이다. '돈이 있었으면 금을 사둘 걸'이라는 후회가 가끔 들기도 한다.

금뿐만이 아니다. 과거를 돌아보면 높을 수익률은 가져다주는 것은 주식만한 것도 없다. 1986년 1억 원을 투자했을 때 2020년 주식은 8.96억 원으로 불어난다. 서울 아파트는 6.39억 원에 그친다. 수익률 면에서는 확실히 주식이 낫다.

과거 10년의 수익만 돌이켜 보아도 부동산은 투자 수익이 생각만큼 높지 않다. 대략 금이 400%, 주식이 300% 수익률을 보인데 비해 부동산은 180%에 그쳤다. 그럼에도 나는 사실 주식, 채권, 금보다 부동산 투자가 낫다고 생각하는 사람이다. 왜? 부동산不動産, 즉 움직이지 못하는 자산이기 때문이다.

부동산은 강제 존버로 위험성이 적다

2020년 3월 KOSPI가 1,500을 뚫고 아래로 내려갔다. 며칠 사이에 금융계좌 몇 천 개가 열렸다. '줍줍'의 시기라 해서 너도 나도 주식 앱을 켰다. 외국인의 팔자세를 개미들이 다 받아내는 분위기였다. 그리고 며칠 사이 1,700 선으로 회복했다. 주변에서 이제라도 들어가야 하는 거 아니냐는 문의가 빗발쳤다. 나는 주변 지인들에게 "초심자라면 5월까지 장을 지켜보라"라고 강조했다. 주식의 문제점은 사실 수익이 아니라 멘탈에서 발생하기 때문이다.

주식은 탐욕에 매우 약한 투자 종목이다. 즉흥성이 높아 매매 유혹에도 쉽게 빠진다. 빨간색이든 파란색이든 보고 있으면 "팔아야 할까?"를 고민하게 된다. 인간은 유혹에 그렇게 강한 동물이 아니다. 떨어지면 속이 쓰리지만 오르면 머릿속에서 오만 생각이 든다. 지금 팔까, 내일 팔까 하루에도 몇 번씩 화살표를 보고 있으면 갖가지 생각에 빠진다. 그러다 빨간색이 파란색으로, 파란색이 빨간색으로 바뀌면 멘탈이 무너져 버리고 만다. 예상했던 혹은 기대했던 수익률에 도달하기 전에 '팔아치우고 말지'라며 매도 버튼을 누른다.

주식의 낮은 수수료와 세금은 장점이 되기도 하지만 단점이 되기도 한다. 쉽게 유혹에 넘어가고, 순식간에 멘탈이 무너지는 것은 환금성이

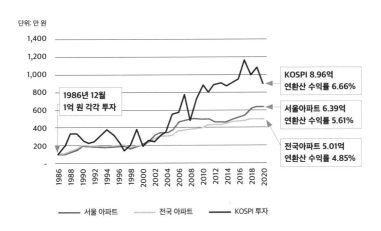

서울/전국 아파트 매매지수와 KOSPI 수익률 비교

단위: 만 원

KOSPI 8.96억
연환산 수익률 6.66%

1986년 12월
1억 원 각각 투자

서울아파트 6.39억
연환산 수익률 5.61%

전국아파트 5.01억
연환산 수익률 4.85%

서울 아파트 ——— 전국 아파트 ——— KOSPI 투자

출처: KB월간주택 가격동향

좋은 투자 종목들이 갖는 공통점이다.

그에 비해 부동산은 그야말로 강제 존버를 해야 한다. 바로 넣었다 뺄 수가 없다. 세금도 그렇고 시즌을 잘못만나면 안 팔려서 못 판다. 그렇게 시간을 보내고 관심을 끄고 있다 보면 어느 때인가는 내가 구입한 가격보다 높은 가격을 형성하고 있다. 그게 부동산이 가진 매력이다.

집값은 등락이 있지만 땅값은 항상 우상향한다

"그래도 부동산이 올라가기만 하는 건 아니잖아요?"

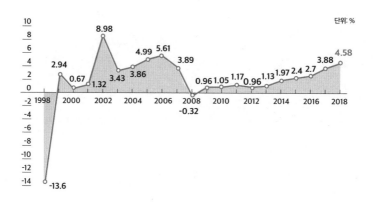

출처: 뉴시스 2019년 2월 기사(2019년 2월 국토교통부 발표 자료 기준)

많이들 반문한다. 맞다. 부동산도 등락이 있다. 그래도 전체적으로는 우상향이다.

부동산은 땅 위에 지어진다. 때문에 땅값의 움직임과 따로 갈 수가 없다. 그런데 서울 땅값은 지난 10년간 떨어진 적이 없다. 이전 IMF와 서브프라임 사태에만 잠깐 떨어졌다가 회복됐다. 블랙스완 같이 예상할 수 없는 심각한 경제 위기 상황이 벌어지지 않는 한 땅값은 인플레이션 이상으로 상승해 왔고 앞으로도 그럴 것이다.

땅값이 상승하는 중에 그 위에 지어지는 건물의 가격이 떨어지기는 쉽지 않다. 일시적인 공급 물량의 증가, 경기 순환에 의한 불경기가 찾아와 부동산 가격이 떨어지는 것은 순간적인 현상일 뿐이다. 싸게 살 수 있는 구간에 있을 때 부동산을 사는 것은 공부와 노력 그리고 운의 문제다. 이러한 시기가 계속된다고 보기는 어렵다. 특히 2020년을 기점으로 당분간은 경제 외적인 요인에 의해 부동산 가격의 변동이 있을 수 있지만, 공급 과잉에 의한 가격 하락은 기대하기 어렵다.

이기는 투자란 길게 보는 것이다

"이기는 투자, 이기는 투자" 이야기를 많이 한다. 비법은 있다. 시간과 함께 가는 것이다. 장기간에 걸쳐 평생 투자를 하면 누구나 이기는 투자를 할 수 있다.

어떤 물건도 내가 산 후에는 가격이 떨어지는 것이 정상이다. 때에 따라 내가 구입한 시점이 가장 비싼 가격이 될 수 있고 거래가격은 팔려는 사람이 많을수록 더 떨어지게 된다. 하지만 나의 판단이 정확했다면 나머지는 시간에 맡기면 된다. 가격 하락은 절대 평생 가지 않는다. 내가 일희일비하지만 않는다면 시간이 돈을 벌어다 준다.

부동산의 자가 점유기간은 평균 10년이다. 대부분 자기 집을 산 사람은 10년은 거주한다는 이야기다. 자기 집을 가진 사람 10명 중 1명만이 집을 사고 판다는 이야기이기도 하다. 이런 구조에서는 최소한 자기 집을 사고 파는 사람들은 돈을 벌 수밖에 없다.

감정을 배제하고 장기간 투자를 하기 위해서는 자금면에서 안정된 생활이 중요하다. 감당할 만큼의 대출을 받아 집을 산 사람들은 대출금 갚는 것만 신경 쓰지 집값에는 신경을 쓰지 않는다. 그런데 사채를 끌어다 집을 산 사람은 맨날 집값만 쳐다볼 것이다. 감정이 개입될 수밖에 없다. 떨어지는 게 눈에 보이면 겁나서 팔아 버린다. 가격 상승기에 사서 하락기에 파는 대부분의 사람들은 실수요자가 아니라 투자자들이다.

투자는 전쟁터이다. 그러나 부동산 투자는 승률이 높은 게임이다. 그래서 "그래도 부동산이다"라고 이야기하고 "내 집 한 채는 있어야 한다"라고도 이야기하는 것이다.

투자의 기본은
싸게 사서 비싸게 파는 것이다

　나는 부동산만큼 차도 좋아한다. 차이가 있다면 부동산은 돈을 버는 투자지만 차는 나를 기쁘게 하는 투자라는 점이다.

　현재 내가 타고 다니는 차는 벤츠 에스클래스이다. 지인들은 차를 보면 차에 내가 상당한 돈을 쓰는 줄 안다. 하지만 나는 사실 차에 들이는 돈이 거의 없다. 주유비와 정기 점검비 정도다.

　"그럼 차는 무엇으로 사나요?"

　나는 차를 중고로, 그것도 무조건 직거래로 산다. 포인트는 시세 대비 저렴하게 사는 것이다.

　중고 직거래를 하게 되면 거래 장소는 보통 집 앞이다. 중고 거래 사이트에 올라온 차를 주인이 가지고 오게 한다. 흥정은 나의 특기다. 차의 감가된 가치를 반영해서 산다. 억지를 부리지는 않고 시세와 차의 상태를 꼼꼼히 체크한 끝에 적정한 가격을 제시한다.

내가 사려고 하는 차들은 가성비가 좋은 차들이 아니다. 일부의 충성 고객이 있는 비싼 고급차들이다. 차의 내구성이나 적정가를 잘 알면 500만~1,000만 원 정도는 싸게 살 수 있다. 차주는 급전이 필요하거나, 차에 싫증이 나서 그도 아니면 다른 차를 사기 위해 차를 팔러 나온 참이다. 빨리 팔고 싶은 마음들이 있다. '10만 원은 더 받아야 돼'라는 생각을 갖는 사람들이 아니다. "200만 원 낮춥시다"라고 해도 물어보지도 않고 알았다고 하는 사람들이 많다. 연식과 주행 거리, 서비스 기간 등을 반영해 가격을 흥정하면 금방 수긍을 한다. 보통 호가에서 500만~1,000만 원 정도 낮춘 가격으로 거래가 가능하다.

나는 차를 오래 타지 않는다. 1~2년 뒤에는 차를 다시 중고 거래로 판다. 금방 같은 것에 질리는 성격 탓도 있겠지만 싸게 산 가격 그대로 차를 팔기 위해서다. 내가 흥정하는 가격은 1~2년간의 감가상각을 만회할 정도이다. 싸게 산 만큼 그대로 팔아도 손해가 없다. 가끔은 남기도 한다. 그게 나만의 비법이다.

불변의 진리 "싸게 사라"

"명장은 전쟁터에서 이겨 놓고 싸움을 한다."

앞서 자동차 얘기에서도 알 수 있듯 성공적인 투자를 하는 최고의 방법은 '싸게 사는 것'이다. 불변의 진리이다. 싸게 사면 게임 끝이다. 싸게 사면 매수와 동시에 수익이 확보되기 때문에 시세에 팔아도 손해는 안 본다. 이기고 시작하는 싸움이다.

문제는 어떻게 싸게 사느냐, 거기에 있다. 대부분 시기를 중요하게 여기고 떨어지는 날을 기다리지만 그때가 언제인지는 아무도 모른다. 싸게 살 다른 방법을 찾아야 한다.

가장 먼저, 부동산 투자자라면 가격과 가치의 차이를 알아야 한다. 부동산 거래의 묘미가 여기서 생긴다.

가격은 무엇인가? 부동산 시장에서 가격은 부동산에 대한 교환의 대가이다. 그러나 부동산에는 '권장소비자가격'이 매겨져 있지 않다. 공장에서 찍어내는 공산품이 아니다. 부동산 시장에서 가격은 매수자와 매도자 간에 지불된 실제 금액이다. 그러나 이것이 권장소비자가격이 되지 못하는 것은, 항상 과거에 일어난 거래를 기준으로 하기 때문이다. 부동산은 생물과 같아서 때에 따라서 가격이 수시로 변한다. 이전 가격이 다음 거래에 영향을 미칠 수는 있지만 꼭 그와 같으리라는 보장은 없다. 게다가 거래 당사자들의 지식과 경험 혹은 당시의 상황에 따라서 비슷한 물건도 가격이 달라진다. 우위를 점하는 자가 거래의 승자가 되는 것이다.

가치를 알면 우위를 점할 수 있다

잘 사려면 가치를 볼 줄 아는 눈을 가져야 한다.

앞서 설명했듯 가격과 가치는 다르다. 가격은 과거의 지불된 값이지만, 가치는 미래에 기대되는 편익을 현재 가치로 환원한 값이다. 사고자 하는 부동산이 만약에 1년 뒤 가치가 10억 원이라는 확신이 있다면 현재 6억 원에 나온 매물은 싸다고 느낄 것이다.

싸게 사는 방법도 제각각이다. 현재 6억 원에 나온 매물이 가진 장단점을 잘 안다면 현재 매물에 대한 흥정도 가능하다. 팔려고 하는 사람에게 급한 사정이 생겨 돈이 급하다면 가격을 후려치는 것도 가능하다. 흔히 부동산 시장에서는 도박, 이혼, 상속에 의한 급매가 흔하다. 이러한 물건을 잘 잡으면 정말 사는 순간 돈을 벌 수 있다. 그러나 이러한 물건은 그야말로 운이 따라야 한다. 평소 부동산 중개소 사장님들과 사이가 돈독해서 연락을 받을 수도 있지만 당장 돈을 마련하는 것도 어려운 일이다. 싸게 살 수 있는 다른 방법에 공을 들이는 것이 좀 더 효율적이다.

가장 먼저 실력과 지식을 동원하고 전문가와 상담을 하면서 안목을 기르는 훈련이 필요하다. 물건의 숨겨진 가치를 발견할 수 있고 자신만의 수익으로도 연결시킬 수 있다. 수익을 못 내는 최악의 경우라도, 마이너스로 인한 실패가 일어나는 것을 막을 수 있다.

일반적으로 많은 투자자들은 오름세를 따라간다. 올라가는 것만 보고 매물을 사러 간다. 모두들 아파트에 대한 관심이 높다 보니 어떤 단지는 1~2개월 사이에 1억 원씩 오르기도 한다. 그런데 이런 경우에 상가나 오피스텔 같은 다른 곳들은 인기가 뜸해진다. 원래 가격보다 떨어지는 저평가 구간이 등장하기 나름이다. 노련한 투자자라면 이러한 종목 쏠림 현상이 나타나는 것을 쉽게 간파할 수 있다. 이때를 싼 시기라고 판단하고 저평가 된 물건을 산다. 아파트의 오름세에서 상투를 잡았던 투자자와 이 틈에 다른 종목을 구입했던 투자자, 어느 쪽이 더 나은 수익률을 얻었겠는가? 단기적으로 아파트 가격이 빠지는 마이너스 구간에서도 오피스텔 투자가는 웃을 수 있는 것도 이 같은 원리가 작용하기 때문이라고 할 수 있겠다.

상상하고 점검하고 실현하라!

요즘은 근거 없는 추정을 '뇌피셜'이라고 부른다. 부동산 투자에서도 이런 뇌피셜에 의존하는 이들이 많다. 참여자들이 많아져 가격이 오를 때는 '더 오를 것'을 생각해서 추격 매수를 한다. 참여자들이 빠져서 가격이 내려가면 '더 내릴 것'이라며 매수를 망설인다.

성공적인 투자를 위해서는 뇌피셜보다는 상상력이 필요하다. 현재의 가격에서 급매를 잡을 수 없다면, 미래 가치를 잘 파악하고 앞으로 부동산의 모습이 어떻게 바뀔지를 상상한 후 투자에 나서야 한다. 미래 가치를 현재와 비교한 후 확신을 가지고 투자해야 한다.

가장 좋은 것은 자본 계획 수립부터 미래 부동산의 모습까지 체크리스트를 만들어 점검하고 시작하는 것이다. 점검과 망설임은 다른 것이다. "지금 내가 종목에 투자하는 것이 맞는가?"라는 질문을 해서 점검에 점검을 거듭하고 결정을 내려도 늦지 않다.

"현재는 미분양이라고 난리지만, 도시가 완성되는 5년 뒤 10년 뒤에는 수요자들이 충분히 이동할 수 있지 않을까?", "현재는 오래된 주택이 몰려 있어 주변 환경이 열악하고 교통이 좋지 않은데다 상대적으로 저렴하지만, 개발이 진행되면 가격이 오르고 물건도 좋아지지 않을까?" 상상력이 실현되기까지 얼마의 기간, 얼만큼의 자본이 필요할지 계산한 후 실행할지 말지를 결정한다. 로드맵에는 어느 시점에 어떤 사건으로 수요가 이동할지도 예상해 놓는다.

부동산은 시간을 먹고 자란다. 가치 투자는 미래 가치가 더 좋아질 것을 오늘 선점하는 것이다. 급매물이 내게 오는 운을 기대하기 전에, 가치를 알아볼 수 있는 눈을 키우는 것이 우선이다.

최고의 투자처는
미래의 고소득자가 돈을 바칠 곳

"내년에는 어느 곳의 집값이 오를까요?"

연말이 되면 꼭 돌아오는 질문이다. 신이 아닌 이상 당장 몇 달 뒤의 시세를 맞추기는 어렵다. 그러나 부채도사보다 높은 확률로, 반드시 오를 곳은 찍어줄 수 있다. 바로 고소득자가 몰리는 지역이다.

하루는 차를 타고 가던 중에 라디오에 나온 한 변호사의 사연을 들었다. 사법연수원을 우수한 성적으로 마쳤음에도 그 변호사는 굳이 변호사의 길을 걸었다. 이유는 아주 간단명료했다. '지방에 가고 싶지 않아서'였다. 판사로 임용이 되면 지방 어딘가로 발령이 날 것이 뻔했다. 자신은 서울을 너무 사랑해서 서울을 떠날 수가 없었다는 것이다.

골든 칼라의 대도시 선호 현상은 어제 오늘의 일이 아니다. 조선시대에도 인재는 한양으로 보내라고 했다. 때문에 고소득자가 거주하는 곳의 집값은 떨어지기 쉽지 않다. 이들이 가격을 받쳐주는 기둥이 된다. 결과적으로 투자하기에 서울, 더 좁혀 강남만한 곳이 없는 것이다.

혹여, 현재 고소득자가 몰려 있는 곳을 사기 어렵다면 새로 고소득자들이 몰려갈 곳을 사면된다. 대기업 이전 예정지, 직주근접형 계획도시가 선택지가 될 수 있다. 어디든 미래의 고소득자가 돈을 싸들고 가서 투자할 그곳이 최고의 투자처가 된다.

왜 한강 조망에 사람들이 몰릴까?

한강 조망권 아파트의 가격이 천정부지로 오를 때, 한 예능 프로에 나온 연예인이 한강변 아파트의 단점에 대해서 거품을 물고 이야기했다. 종일 강물에 비친 따가운 햇살이 들어와 커튼을 치지 않을 수 없고, 겨울에는 습하고 차가운 강바람이 불어 난방비가 많이 든다는 것이다. 이야기를 들은 사람들은 "그런데 왜 사람들은 한강 조망에 목을 맬까?" 하고 물었다.

정답은 "살아보지 않았기 때문"이다. 탁 트인 한강을 바라볼 수 있는 아파트 수는 정해져 있다. 살아보지 못해서 거기서 살고 싶은 사람들은 한둘이 아니다. 재화는 한정돼 있는데 수요는 많으니 가격이 오르는 것은 당연하다. 게다가 한강 조망을 원하는 이들은 고소득자이다. 다른 아파트들이 지지부진하게 오를 때 한강 조망 아파트는 엄청난 속도로 껑충 오르기 때문이다.

요즘 서민들의 트렌드는 가성비다. 집에서도 가성비를 중시한다. 관리비, 난방비를 꼼꼼히 살펴보고 시장이나 마트 상권도 중요하게 살펴본다. 그러나 중산층 이상은 가성비보다는 희소성에 집중한다. 남들이 누리지 못하는 것을 누리며 살고 싶은 욕망이 있다. 물론 그 안에는 '남들이 좋다고 하니까 나도 누려보고 싶다'라는 허영심도 한몫을 한다. 그러나 무슨 상관이랴, 이들이 한강 조망을 얻기 위해 더 많은 지출을 할 것은 앞으로도 변함없다. 한강 조망 아파트의 인기는 계속될 것이다.

이유 있다! 강남 불패

강남은 또 어떠한가? 수요가 가장 많이 몰려 있으니 부동산 가격이 오를 때 먼저 오르는 식으로, 가장 먼저 흐름을 만든다.

강남은 최고의 부촌이다. 직주 근접이 되는 고소득자들이 강남에 산다. 2019년 국민연금공단에서 발표한 5,000만 원 이상의 고액 추납신청자 중 38.4%가 서울에 거주했다. 서울시 고액 추납신청자 중 38.4%가 강남 3구에 살았다. 이들의 월평균 추납금은 500만 원가량으로 최대 1억 원까지 있었다. 강남 3구에는 4인 가구 평균 소득에 달하는 500만 원을 다달이 연금으로 내도 사는 데 아무 지장이 없는 사람이 유독 많다는 이야기다.

교육 환경도 국내 최고다. 삼성전자를 비롯해 국내 최대 업무지구도 있다. 때문에 전국적으로 소득 상위자들은 모두 강남에 가고 싶어 한다. 외국인들도 마찬가지다.

덕분에 강남 집값을 우리나라 집값의 선행 지표쯤으로 생각한다. 강남 집값이 오르면 서울을 비롯한 수도권까지 집값이 오르고, 강남 집값이 떨어지면 수도권 외곽지역까지 가격이 떨어진다.

결론적으로 '강남 불패'에는 충분한 이유가 있는 것이다.

이왕이면 비싸도 좋은 곳을 사라

한강변과 강남 아파트를 사라는 이야기를 하자는 게 아니다. 어디가 오를까? 어디를 살까? 고민의 답을 찾기 위해 항상 힌트를 기억하라는 것이다. '고소득자가 좋아할 만한 곳'이면 된다. 미래의 고소득자가 자신이 땀 흘려 번 돈을 기꺼이 지불할 만한 곳을 선점하면 된다.

2013년 한참 주택 가격이 떨어지고 있을 때 전세가에 1억~2억 원만 보태면 강남의 아파트를 살 수 있었고, 2,000만~3,000만 원만 보태면 삼성동에 방 2개에 거실이 있는 16평 빌라를 살 수 있었다. 그러나 '똑똑한 한 채' 붐을 타고 강남의 희소가치가 부각되며 가격은 천정부지로 올랐다. 현재는 전세가율이 매매가의 50%도 미치지 못한다.

자본주의는 어느 면에서는 굉장히 공정하다. 시장에 가장 큰 영향력을 행사할 수 있는 건 돈이다. 돈만 있으면 누구나 물건을 가져갈 수 있다. 이것이 불공정한가? 그렇지 않다. 지위고하를 막론하고 돈만 있으면 된다. 학벌, 집안과는 관계없는 공평한 시장이다. 공평한 시장을 이용해서 내가 돈을 벌려면 남들보다 한발 앞서 나가야 한다. 구체적으로 10년 후에 소득이 증가해서 자본이 축적된 고소득자들이 사고 싶은 집을 먼저 사야 한다.

투자 계획을 세울 때는 자칫 움츠러들 수도 있다. 엇비슷한 조건으로 몇 백만 원에서 몇 천만 원 차이가 나면 당장의 가성비를 고려한다. 싸고 좋은 것을 사면 최상이겠지만, 세상에 싸고 좋은 물건은 없다. 내 기준에서의 가성비보다는 구매자의 가치를 먼저 생각해야 한다. 내 지불 능력에서 가장 적당한 곳 말고, 미래의 구매자가 사고 싶은 곳에 돈을 묻어야 한다. 이것도 하나의 테크닉이다.

신도시를 개발하고 자족도시 건설을 위해 끊임없이 계획을 발표하는 대한민국에는 제2의 강남을 기대할만한 혹은 소강남이라 불릴만한 곳이 많이 있다. 5년 후, 10년 후에 고소득자들의 생활권이 될 곳을 찾아 돈을 묻어야 한다.

역세권이 도로 안쪽의 한적한 곳보다 비싸다면, 역세권 매물을 사야 한다. 시장의 가격은 가치를 반영하는 부분도 있다. 이왕이면 좋은 것을 사라. 미래 가치에 따라 가격은 양극화되어 점점 벌어질 것이다. 어쩌면 책을 읽고 있는 지금이 원하는 그곳을 살 수 있는 마지막 기회일지 모른다.

내게 좋은 곳이 아니라
모두가 좋아할 곳을 사라

연예인들이 쇼핑몰을 했다가 망했다는 소식을 종종 접한다. 나름 패 션니스타였던 그들이 왜 대중을 상대로 한 쇼핑몰 사업에서는 번번이 실패하는 걸까?

나는 독특한 취향이 이유라고 생각한다. 자신이 좋아하는 것에만 집 중하다 보면 대중이 무엇을 좋아하는지 보지 못하게 된다. 내가 좋아 하는 것을 모두가 좋아할 거라는 기대는 착각이다. 연예인 급으로 화 려하고 멋진 옷을 소화할 수 있는 일반인은 사실 많지 않다.

'유니클로'는 대중의 취향을 저격해 성공한 대표 브랜드이다. 그런 데 유니클로에 가면 어디서 본 듯한 스타일이 많다. 그 중에서 가장 잘 팔리는 건 무지 티셔츠이다. 흔하고 대중적인 스타일을 기반으로 한 유니클로는 전 국민 그리고 전 세계인이 아는 브랜드가 됐다. 마찬가 지로 부동산 투자에서도 가장 대중적으로 선호하는 지역과 가장 수요가 몰리는 위치에 있는 물건이 가장 안전하고 성공할 확률이 높다.

내가 좋아하는 집을 샀습니다만…

2020년 설을 넘기고 어느 부동산 카페에서 '결국 집을 샀습니다'라는 글을 보았다. 아이 둘을 어린이집에 보내는 맞벌이 남편이었다. 아이를 낳기 전에 현재의 집을 샀고, 불과 며칠 전에 그 집을 팔고 새 집을 샀다고 한다. 그러나 그 과정에서 살이 몇 킬로나 빠지는 스트레스를 받았고 많은 후회의 시간을 보냈다고 한다.

결혼을 하고 집을 살 때 부부는 욕심이 없었다. 그들은 4억 원을 조금 넘기는 단독주택을 사려고 했다. 수입을 고려할 때 대출 1억 원은 큰 부담이 아니었다. 그래서 대출을 받고 살고 싶은 집을 샀다. 마당이 있는 40평대의 넓은 단독주택이었다. 아이들이 태어나도 콩콩거리며 뛸 수 있었다. 부부는 정말 만족하며 아이 둘을 낳고 잘 살았다. 놀러 오는 사람들도 모두 부럽다고 난리였다. 지하철역에서 멀지 않았고 뒤에 산도 있어 생활도 흠잡을 데가 없었다. 관리비도 들지 않으니 부부는 최소 한 달에 20만 원씩은 남들보다 덜 쓰는 거라며 소소한 행복을 누렸다.

그런데 2019년 하반기가 되면서 부부는 우울감에 빠졌다. 언론에서는 세 번의 상승장이 있었다고 하지만 그간 자신들이 산 집은 6,000만 원밖에 오르지 않았다. 이자를 제하면 4,000만 원이 순수한 이익이었다. 집이 없는 사람들은 그것도 감사한 것이라고 하겠으나 정작 그들은 마음이 좋지 않았다. '주변의 낡은 아파트들도 3억 원이 넘게 올랐다는데…' 생각하니 속이 쓰렸다. 부동산에서는 "오래되고 낡은 주택은 찾는 사람이 없다"라고 했다.

부부는 '이제라도 갈아타야 하나?' 고민을 나눴다. 우리만 좋다고 영영 오르지 않을 집을 갖고 있는 것이 옳은 일인가 고민에 고민을 거듭했다. 마음이 바뀌니 처음에 좋았던 것들도 싫어졌다. 앞마당 청소도 귀찮고 때마다 수리를 하던 돌담도 보기 싫었다. 결국 아이들이 더 자라기 전에 미래를 기대할 수 있는 곳으로 가자는 결론을 내렸다.

부부는 집을 내놨다. 부동산에서 상담을 했으나 "언제 팔릴지 모르겠다"라는 말로 끝이 났다. 이미 팔기로 마음을 먹었으니 부부는 적극적으로 나섰다. 직접 집 소개 브로슈어를 만들어 30곳의 부동산에 돌렸다. 그렇게 집을 사람들에게 보이게 되자, 마음에 든다며 거래를 하겠다는 이들도 하나 둘 생겨났다. 부부의 입장에서는 가격은 싸고 살기는 좋으니 당연한 것이었다.

속전속결로 매매 계약이 이루어지고, 부부는 바로 집을 알아보러 다녔다. 그런데 부동산에 가면 하나같이 "작년에만 왔어도 1억 원은 저렴했는데…"라는 이야기를 했다. 고민 끝에 결정한 집은 서울 중심에 있는 대단지 새 아파트였다. 집 평수는 25평으로 줄여서 가는데 대출은 4억 원이나 더 받아야 했다.

그나마 맞벌이라 소득이 낮지 않은 것, 아이들이 어린 것, 절약이 몸에 배어 1년에 4,000만 원은 대출 상환이 가능하다는 것을 부부는 위안거리로 생각하기로 했다. 그러나 이사를 가서도 '첫 단추를 좀 더 잘 꿰어볼걸…' 하는 후회는 지울 수 없었다.

사기 전에 '누가 사줄까?'를 고민하라

거시경제학의 대부 케인스도 "미인대회에서 자기가 좋아하는 스타일을 뽑는 것이 아니라 모두가 좋아할 만한 사람을 뽑아야 성공한다"라고 했다. 대중이 가장 좋아하는 부동산이 가장 비싸게 거래된다. 만일 개별성과 대중성 중에서 하나를 선택해야 한다면 대중성이 월등히 높은 곳을 사는 게 최선이다. 최소한 집은 개인의 취향이 발현되는 곳은 아니라는 것을 알아야 한다.

다가구 주택이나 빌라보다는 아파트가, 아파트 중에서도 역세권이, 역세권 중에서도 직장과 물리적 거리가 가까운 곳이 더 비싸다. 많은 사람들이 좋아하기 때문이다. 더 좋은 가격을 받고 싶다면 남들이 좋아하는 곳을 사야 하는 것은 당연하다.

주택은 내가 쓰고 없애는 물건이 아니다. 엄밀히 말해 내가 사용하는 소비재이기는 하지만, 일정 기간 사용한 후에는 다른 사람에게 팔아서 넘기는 물건인 것이다. 그리고 누구나 매매나 증여로 넘겨줄 때, 내가 사용했던 때보다 더 좋은 가격을 받기를 바란다. 여기서 내가 아니라 남이 좋아할만한 집을 사야하는 이유가 또 생기는 것이다.

'나는 부동산업자다', '나는 매매업을 하는 사람이다' 살 때부터 머릿속에 이런 생각을 가져야 한다. 유니클로에서 가장 인기가 많은 것이 무지 티셔츠인 것처럼, 주택도 대중적인 것이 가장 인기가 높다. 여러 아파트 단지가 있다면 그 중에서 가격을 선도하는 대장주, 그 중에서도 로얄 평수, 로얄 동에 로얄 층까지…. 이왕이면 남들이 좋아하는 것을 사야 한다.

반복해서 강조한다. 주택은 나의 취향과 나의 개성을 반영하는 곳이 아니다. 객관적 사실과 데이터를 바탕으로 모두가 좋아할 만한 곳을 사야 한다. 이 원칙을 지키면 최소한 몇 년 후 선택을 후회하며 이사를 결정하는 일은 없을 것이다.

대기수요가 많은 곳은 폭락이 없다

서브프라임 사태 이후 많은 곳의 집값이 떨어졌다. 그런데 모든 곳이 똑같은 비율로 빠진 것이 아니다. 약세장에서도 호재는 있었다. 서울에서는 단연 9호선 개통이 호재였다. 2009년 7월 개화역에서 신논현역까지 지하철이 개통됐다. 9호선은 여의도를 관통해 강남까지 고속 급행으로 달리는 황금노선이다. 덕분에 개통지 주변의 소형 평수 아파트는 꾸준히 상승했다. 한 번의 급락도 없었다.

가격의 급락이 없었다는 것은 대기수요가 그만큼 많다는 이야기이다. 거기에 살고 싶어 하는 사람들이 많으니 물건도 쉽게 거래가 되고, 가격을 조금만 내려서 매물로 내놓아도 매수자가 나선다. 이처럼 대기수요가 많은 곳에는 폭락이 없다.

강남처럼 상시 대기수요가 많은 곳이 있는가 하면 어떤 호재로 대기수요가 생겨나는 곳도 있다. 직주근접이나 교통 호재는 투자자뿐 아니라 실수요자들에게도 살고 싶은 이유가 된다. 실수요자가 어느 정도 받쳐주면 투자자도 안심하고 들어갈 수 있다.

전세가 확인 없이
가치 투자를 논하지 마라

"지금이 꼭지다, 떨어지는 건 칼날이다!"

깊은 하락장이 마감을 하고 상승장이 시작된 2015년부터 들었던 이야기다. 그러나 지나고 보면 그때도 부동산에는 불이 붙지 않았다. 그로부터 2년 뒤인 2017년부터 제대로 상승장이 펼쳐졌다.

결과는 항상 지나봐야 안다. 전문가들도 마찬가지다. 예측을 하고 실전에 들어가지만 엇박자가 날 때가 있다. 모든 학습과 경험은 수익률을 높인다기보다 '실패율'을 낮추는 정도의 역할 밖에 하지 못한다. 마지막에 웃는 자가 진짜 웃는 자이다. 주식에서와 같이 가치 투자를 긴 호흡으로 할 수 있는 자가 최후의 승자가 된다. 부동산 투자 역시 긴 호흡의 가치 투자가 필요한 것이다.

전세가는 현재의 사용 가치, 가격은 미래의 투자가치

전세가는 투자자에게 중요한 지표로도 쓰인다. 현재 부동산 시장이 상승장인지 하락장인지를 가장 손쉽게 확인할 수 있다. 전세가를 중심으로 부동산 시장의 상태를 점검해볼 수 있고 투자 시점도 고려할 수 있다. 전세는 우리나라에만 있는 특이한 임대차 제도이다. 주인에게 목돈을 주고 집을 빌렸다가 나갈 때 돌려받는다. 주인은 최소한 은행 금리 정도의 수익을 얻는다. 투자자에게 전세금은 투자 자금을 줄일 수 있는 레버리지 효과를 일으키고, 다른 투자처를 공략할 수 있는 자본이 되기도 한다. 현재까지는 임대인, 임차인 모두에게 윈윈 게임이다.

앞서 전세가는 현재의 사용 가치이고 가격은 미래의 투자가치라고 이야기를 했다. 전세가는 거품이 없다. 전세금 폭등이 예상된다고 전세 물건을 미리 구해서 쟁여두는 가수요가 없다. 그 집을 당장 사용하는 사람들이 지불할 수 있는 금액이다. 수요와 공급의 균형점에서 시장가격이 형성된다. 세입자들은 상대적으로 전세금이 싼 지역으로 이동한다. 사는 집 혹은 지역을 벗어나고 싶지 않다면 반전세로 갈아타기도 한다. 따라서 전세가가 높다면 현재 사용 가치가 높다는 이야기이고, 전세가가 낮다면 현재 사용 가치가 낮다는 이야기다. 그럼 가격은 어떤가? 투자의 관점에서 미래 상승분을 포함한 금액이다. 거품이 낄 수도 있고, 떨어질 수도 있다.

일례로 경기도 광명시의 1986년 준공된 중층 주공아파트는 93㎡, 28평 기준으로 매매가는 7억 5,000만 원이지만 전세가는 3억 3,000만 원 수준이다. 매매가와 전세가 사이의 갭이 4억 원 이상 존재한다. 매매가 대비 전세가율은 45% 밖에 되지 않는다. 중앙난방에 지하주차장이 없어 저녁만 되면 차를 밀고 당기고 해야 한다. 그런데도 매매는 잘된다. 광명시의 저층 아파트들이 이미 재건축을 성공리에 마쳐 서울 아파트 정도의 가격을 받고 있다. 주공 아파트가 재건축이 된다면 그보다 더한 가격에 분양이 될 것을 예상할 수 있기 때문에 가격이 계속 상승하고 있는 이치와 같은 것이다.

그러나 사실 이렇게 전세가율이 낮은 경우는 구축에 미래 가치가 높은 특수한 경우라고 봐야 한다. 신축 아파트나 준 신축 아파트, 구축 아파트는 일반적으로 55% 이상의 전세가율을 유지한다.

부동산 회복기에는 전세가율이 올라간다

2008년 침체기로 돌아선 부동산 가격은 2014년까지 2.76% 하락했다. 그러나 전세가격은 금융위기 이후인 2009년부터 2014년까지 50.76% 상승했다. 이로써 2009년 1월 38.2%까지 떨어졌던 전세가율은 2017년 1월 73.3%까지 올라갔다. 당시 서울에서는 전세난이 한창이었지만, 2억 원만 있으면 전세를 끼고 강남의 아파트를 살 수 있었다. 이후 강남은 급하게 상승세로 돌아섰다.

그러나 부동산 가격을 움직이는 데는 여러 가지 요건이 있다. 때문에 하나의 잣대로 이를 진단하고 예측하는 건 무리다. 그나마 전세가는 가격이 무릎이냐, 어깨냐를 가늠하는 기준은 된다. 현재가치가 높아지는데 금리까지 낮으면, 전세가도 상승할 여력이 생긴다. 주택 담보대출과 달리 전세대출은 85%까지 가능하기 때문이다. 이때 부동산 시장의 빠른 회복을 위해 정부가 규제를 완화하기 시작한다면 시장에 '사라'는 신호를 보낸다고 봐도 무방하다.

좀 더 전세가에 집중해 투자 방향을 정리해 보자. 현재의 사용 가치가 미래 가치와 어느 정도의 갭을 유지하고 있는가, 그 갭이 줄어드는 추세인가 늘어나는 추세인가를 판단하면서 시장에 들어갈 시점을 결정해 볼 수 있다. 전세가가 올라가면 당연히 주택의 가격 상승 압력도 커진다.

특히 부동산 시장에서 가격이 저점을 지나 회복기로 진입하는 과정에서는 전세가 상승이 쉽게 나타난다. 침체기 동안 건설사들은 신규 물량을 만들지 않는다. 실수요자들과 투자자는 구매를 망설인다. 그러나 결혼이나 독립을 통해 꾸준히 수요는 증가하므로 전세 경쟁률이 높아지고 전세가도 상승한다.

전세가율이 높은 물건을 잡아라

주택 구매를 결정하고 원하는 지역에 원하는 물건을 찾았다면 우선 과거의 거래량을 확인해야 한다. 그 다음에 전세 현황을 파악해야 한다. 이때 높거나 낮은 전세가가 나타나는 이유도 알아봐야 한다.

높은 전세가율을 만드는 첫 번째 조건은 매매가 하락이나 정체다. 부동산 하락 시기에는 사람들이 매매보다 전세를 선택할 확률이 높다. 그 결과 자가 보유율은 떨어지고 전세나 월세 수요가 많아진다. 이들은 미래의 잠재 수요가 된다. 두 번째는 공급이 없어서다. 공급이 없으면 전세나 월세로 이동한 수요자들에게 다른 선택지가 없다. 전세가를 올려달라는 주인의 요구를 들어주거나 이사를 갈 수밖에 없다. 세 번째로 긴 침체기도 높은 전세가를 만드는 원인이다. 가격 하락이 장기화되면 아무리 전세가율이 높아도 부동산을 구매하려 하지 않는다. 잠재수요로 남아 있는 이들로 인해 전세가가 올라간다.

이상의 내용을 한 줄로 요약하면 '전세가 상승은 장기 침체와 매매가 하락에 의한 공급 축소의 결과물'인 것이다.

그럼 전세가율을 기준으로 투자는 언제가 안전한가? 70~80%까지 전세가율이 상승했으며, 동시에 거래량도 늘고 있다면 안정적인 투자가 가능하다. 앞으로 전세가 상승을 활용한 투자자들이 유입된다면 상승장이 펼쳐질 것도 기대할 수 있다.

물론 주의점도 있다. 유독 전세가 비율은 높은데 가격 변동이 없는 아파트가 있다. 주변 여건이 개선되지 않아 전세가만 높아진 경우다. 이런 아파트는 전세가가 아무리 높아도 가격상승을 기대할 수 없다. 다시 한 번 강조하지만 전세가는 과거의 거래량, 상승 이력도 함께 고려해야 의미가 있다.

손품, 발품은 리스크를 줄이는
최선의 방법이다

2002년 월드컵을 보내고 1~2년 후였다. 어머니 친구 분이 강서구 화곡동에 빌라를 사겠다고 하며 부동산으로 출퇴근을 하는 어머니를 찾아오셨다. 당시 구청장의 공약이 '화곡동 뉴타운 개발'이라며 한참 가격이 오르는 중이라고 했다. 그러나 어머니는 친구 분과 함께 화곡동에 다녀온 후 고개를 절레절레 흔드셨다.

화곡동에서는 단독주택을 부수고 새 빌라를 짓는 일이 한창이었다. 노후도가 일정 비율을 넘지 않으면 재개발은 불가능하다. 그런데도 가격은 많이 올라 있었다. 대지지분 9~10평 하는 작은 빌라도 2억 원 가까이 되었다. 어머니는 친구 분을 말렸다. 근처 부동산에서는 바람을 넣고 있었지만 확실한 것은 아무 것도 없었기 때문이다. 좀 더 상황을 지켜보자고 했다. 그러나 친구 분은 더 늦기 전에 잡아야 한다며 당일에 덜컥 계약을 해버리셨다.

까맣게 잊고 있던 일을 다시 떠올린 건 친구 분의 하소연 때문이었다. 이후 서울시장이 바뀌고 각종 뉴타운 공약이 무산되는 소동이 있었다. 화곡동 빌라 가격도 이전으로 돌아갔다. 친구 분은 세입자를 몇 번이나 바꾸었으나 사겠다는 이를 찾지 못했다. 그 사이 세입자로부터 화장실 변기가 막혔다, 전등이 나갔다, 아래층에서 물이 샌다며 수시로 전화가 왔다. 팔지 못해서 갖고 있는 애물단지 때문에 어지간히 속을 끓이는 상황이었다. 어머니도 나도 그분 덕분에 "뇌피셜은 안 된다"라는 걸 다시 한번 배우게 됐다.

손품, 발품은 배신하지 않는다

세상에는 성공담만큼 많은 실패담이 존재한다. 나 역시 처분하지 못해서 가지고 있는 상가 건물이 하나 있다. 생각만 하면 속이 쓰리다. 아내마저도 "다른 부동산에서 많이 벌었으니 한두 개는 손해 볼 수도 있지"라고 이야기하지만, 그렇지 않다. 아무리 부자라도 허투루 쓴 돈은 단돈 천 원이 아깝다. 한 번만 더 생각했더라면 하지 않았을 실수를 복기하며 밤을 새운 적도 있다.

실수는 감정에 휘둘릴 때 나온다. 엄청 싸다고 유혹당하거나 잘 안다고 자만하거나, 모든 것이 완벽할 것 같아도 투자에서 사실 완벽은 없다. 최선을 다해 경험하고 실수를 줄여 나가야 한다.

나 역시 노후한 구도심의 상가주택을 사서 애를 먹은 바 있다. 인근의 개발 계획에 대해 잘 안다고 자만하고 당일에 속전속결로 매입을 했다. 하지만 개발은 백지화되고 싸다고 생각했던 매수가도 결과적으로는 저렴한 가격이 아니게 됐다. 큰 피해나 손해를 본 것은 아니지만 앞으로 수확까지 몇 년이 더 걸릴지 모를 노릇이다. 가격에만 집중하지 말고, 현장의 반대 상황을 세심히 살폈다면 다른 곳을 택하거나 가격을 더 깎았을 것이다. 안다고 생각했던 것이 사실은 그렇지 않았던 것이다.

손품, 발품은 투자에 있어서 기초체력이다. 호재가 있다고 해도 현장에 가봐야 비로소 상황을 알 수 있다. 그게 손품, 발품이다. 청사진은 참 그럴듯했다. 그러나 전세가의 움직임도 확인하고 수요자들의 니즈도 파악했다. 개발만 된다면 상가를 허물고 새로 지을 수 있다고 생각했다. 구매도 속전속결로 이루어졌다. 그러나 내가 예상했던 것보다 주변의 개발 움직임이 더뎠다. 실수요자가 아직 덜 들어왔다. 그제야 주변에 노후한 상업 지구들과 시장들이 눈에 들어왔다. 구매를 결정할 때 주변을 한 바퀴만 더 돌았더라면 알았을 것이다. 제대로 확인하니 개발 가능성이 예상보다 매우 낮았다. 앞으로도 10년은 그대로 지켜보는 수밖에 없을 듯하다.

전문가보다 공개된 정보에서 답을 찾아라

"부동산에는 믿을 사람이 하나도 없다. 그러나 틀린 사람도 없다. 그러니 스스로 잘 판단해야 한다."

처음 부동산 공부를 할 때 선배에게 들은 말이다. 사실 필드에 나가

보면 발에 치이는 게 부동산 전문가들이다. 그들이 모두 사기꾼은 아니다. 잘 들으면 배울 수 있다. 상승장에서는 오른다고 했던 사람이 맞고, 하락장에서는 내린다고 했던 사람이 옳다. 따지고 보면 틀린 사람은 하나도 없다. 그 사람들의 말을 믿고 의사 결정을 한 것은 나 자신이다. 판단도 결과도 스스로 감당해야 한다.

개인적으로는 부동산 공부에서 전문가의 말들보다 '부동산 공법'이 더 도움이 되었던 것 같다.

'부동산 공법'은 부동산 개발, 매매, 관리 등과 관련해 개인 또는 관련 단체가 지켜야 할 규제사항과 절차에 관해 국가에서 정해놓은 법률을 통틀어 이야기하는 것이다. 별도의 법이 있는 것은 아니다. 하지만 관련법들을 알면 굉장히 유용하다.

공인중개사 시험에서는 국토의 계획 및 이용에 관한 법률, 도시개발법, 개발제한구역의 지정 및 관리에 관한 특별조치법, 도시 및 주거 환경정지법, 주택법, 건축법, 산림법, 산지관리법, 농지법 중 부동산 중개와 관련된 부분이 부동산 공법 시험 대상이다. 시간 날 때 읽어두면 확실히 기초를 다질 수 있다.

간략히 설명하면 국토기본법은 토지에 관한 헌법이다. 하위법을 만들 때 지침이 된다. 2002년 2월 4일 제정되었다. 국토의 균형발전과 경쟁력 있는 국토 여건의 조성, 환경 친화적인 국토관리를 추구하며 일반 국민에게 직접적인 구속력은 없다. 국토기본법의 이념은 '국토계획'으로 실현된다. 대상지역에 따라 국토종합계획, 도종합계획(수도권정비계획), 시군종합계획, 지역계획(수도권발전계획, 특정지역개발계획, 개발촉진지구개발계획 등), **부분별계획**(전국항만계획, 전국공항계획, 지하수관리기본계획 등)이 있다. 이 밖에 수도권정비계획, 국토의 계획 및 이용에 관한 법률, 도시관리 계획을 알아두면 좋다.

부동산에 대해 공부할 때 읽으면 좋은 책들을 추천한 분들도 많다. 내게는 공법이나 학개론 책이 큰 도움이 되었다. 지인들에게도 부동산 공인중개사 시험 과목인 부동산공법과 학개론, 중개사업법, 세법은 꼭 읽어보라고 권한다. 부동산에 대한 개괄적인 개념들을 다 접할 수 있었다. 꼼꼼히 보면 케인즈 이론을 통해 세계 경제가 부동산에 미치는 영향도 파악할 수 있는 안목이 생긴다. 특히 중개사업법은 거래에 필요한 정보들을 알려준다.

초보자로 아직 감이 잡히지 않는 부분이 많다면 전문가들을 만나기 전에 반드시 먼저 책들을 살펴볼 것을 추천한다.

손품, 발품에도 기술이 있다

요즘은 손품하면 인터넷 서핑, 발품하면 임장을 떠올린다.

스마트폰에서 구동되는 부동산 앱들이 많이 나와 있다. '호갱노노'만 열어 봐도 최근 실거래가는 물론 전세가율 일조량까지 알 수 있다. '한국감정원 부동산정보'도 자주 찾는 앱이다. 시세와 실거래가에 대한 정보와 시장 동향까지 잘 정리돼 있다.

그러나 손품으로 정보를 파악하는 데는 한계가 있다. '발품 판 만큼 번다'라는 말만 믿고 무작정 구경만 하고 다니는 것도 의미가 없다. 사전조사를 철저히 해서 지역에 대해 알만큼 안 후에 입지와 아파트

가격을 가늠할 수 있는 수준에서 발품을 팔아야 한다.

부동산 중개소에 전화를 해서 거래 정도와 시세를 확인하는 것도 중요하다. 이때는 무작위로 하기보다는 친분을 쌓은 3곳 정도에 지속적으로 하는 것이 좋다. 1,000곳에 1번씩 전화하기보다 3곳에 100번씩 하는 것이 효율적이다.

임장은 가보면 안다. 초기에는 전문가들과 동행하는 수업 방식을 따라 할 수도 있지만 해보면 자연스럽게 요령이 생긴다. 우리가 사는 곳을 볼 때도 마찬가지다. 시간이 지나면서 자연스럽게 접하는 정보들이 있다. 주택은 학군과 관공서, 학군, 편의시설, 상업시설 등 직접적으로 필요한 것을 집중해서 본다. 다음에는 물건지의 상태를 확인하고 로열동을 파악하는 것도 흥미롭다. 토지나 상가는 요건들이 있다. 토지는 길, 상가는 사람들의 이동이 주요한 관전 포인트이다. 종목 별로 임장의 기술이 다르지만 익히는 데는 어렵지 않다.

나는 손품, 발품에 덧붙이는 것이 하나 더 있다. 지역의 도시 기본 계획을 확인하는 일을 추천한다. 보통 시군은 미래 기반 시설을 확충하기 위해 장기적인 도시 관리 전략을 갖고 있다. 계획 수립 시점을 기준으로 20년 후까지 발전상을 포함하는 종합 계획이다. 5년마다 타당성을 재검토하여 계획을 정비하고 조정한다. 도시 계획을 확인하면 현재 중심지가 어디인지 알 수 있고 지자체가 향후 중점을 두고 발전시킬 지역도 예상할 수 있다.

일례로 서울시는 '2030 서울 플랜'이라는 도시 기본 계획을 발표 중이다. 기존 3개의 도심지를 기준으로 7개의 부심지와 12개의 지역 중심지를 선정하고 상호 연계 발전시킨다는 계획이다. 생활권을 크게 5권역으로 나누고 권역별 발전 방향도 세부적으로 구상하고 있다. 30년 서울시가 어떻게 변모할지 예상할 수 있다.

손품 발품은 믿을 수 있는 정보에 근거하는 것이 가장 중요하다. 지역의 부동산 중개사들과 친해져야 하는 것도 이 때문이다. 그러나 가장 믿을만한 정보는 관공서에서 나온다. 투자 관심 지역이 생겼다면 공적 계획을 먼저 열람하고 지역의 변화 내용을 정기적으로 체크해볼 것을 추천한다. 꾸준히 자료를 살피는 습관이 누적되면 지역을 바라보는 자신만의 안목이 생길 것이다.

입지의 다른 말은?
일자리·교통·학군·상권·환경

부동산에서 입지는 아무리 강조해도 지나치지 않다. 첫째도 입지, 둘째도 입지, 셋째도 입지라고 한다. 맞는 말이다. 그러나 입지의 각 항목에 대해서는 대략적으로만 이해하고 있는 투자자들이 많다. 비슷한 물건 2~3개를 놓고 어느 것을 선택할지 고민만 깊다. 구체적인 물건이 정해졌다면 각 항목별로 플러스 요인과 마이너스 요인을 파악하는 것이 중요하다. 앞으로 개선될 입지적 요소가 가격에 반영되었는지, 반영되지 않았다면 앞으로 얼마 후에 반영될지도 가늠하는 것이 좋다. 종합적인 과정을 거치면 스스로 물건에 대한 확신이 든다. 이 신뢰는 시장이 흔들려도 장기적으로 확신할 수 있게 해준다.

왜 입지인가? 부동산학개론을 읽자

압구정에 있는 24평 아파트는 매매가가 수십억 원을 호가하지만 강원도 철원의 20평대 아파트는 1억 원도 하지 않는다. 왜 이런 차이가 일어나는가를 설명하는 것이 바로 입지이다.

부동산은 크게 4개의 특징을 갖는다.

> 첫째, 부동성이다. 움직일 수 없다.
> 둘째, 부증성이다. 넓힐 수 없다.
> 셋째, 지역성이다. 같은 것도 지역에 따라 달리 보인다.
> 넷째, 개별성이다. 같은 아파트에도 로얄동 로얄층이 존재한다.

입지는 지역성과 관련이 있다. 같은 부동산도 어디에 위치하느냐에 따라 가격이 하늘과 땅차이다. 부동산이 가지는 특징으로 인해 입지의 우월성이 나눠질 수밖에 없다. 입지가 떨어진다는 것은 남들이 좋아하지 않는다는 뜻이다. 내가 좋다고 개선될 여지가 없는 입지를 선택하는 일은 피해야 한다.

입지의 5가지 항목: 일자리·교통·학군·상권·환경

직장이 가까운 것은 집값이 떨어지지 않는 요건이다. 서울에서 일자리가 가장 많은 곳은 시청과 여의도, 강남과 가산 등지다. 이 중에서

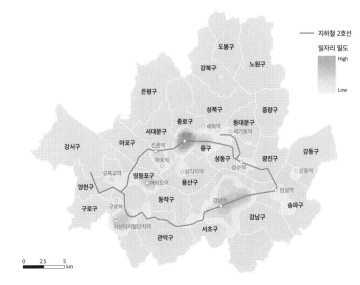

출처: 2009년 서울시 사업체 데이터

일자리가 늘고 있는 곳은 단연 강남과 여의도이다. 대기업 위주로 몰려 있기도 하다. 분당이나 신길 뉴타운이 뜨는 이유다. 일자리와 물리적 거리 그리고 대중교통을 이용한 시간적 거리가 가까워질수록 가격도 높다.

직주 근접은 1기 신도시의 현재 가격에도 가장 크게 영향을 미쳤다. 성남시 분당, 고양시 일산, 부천시 중동, 안양시 평촌, 군포시 산본은 1기 신도시로 폭등하는 집값을 안정시키고 주택난을 해소하기 위해 서울 근교에 지어졌다. 1992년 말 입주해 29만 가구 117만 명이 거주하는 대단지 주거지로, 비슷한 시기에 서울 목동 아파트 단지도 형성된 바 있다.

30년 가까이 지난 지금 목동과 성남시 분당의 가격은 어마어마하게 올랐다. 학원가 조성이 아파트값에 영향을 미쳤지만 그보다 목동의 경우 여의도와 분당은 강남과 가깝다는 이유가 더 컸다. 반면 고양시 일산은 가격이 높게 형성되지 못했다. 여의도나 강남 접근성이 좋은 안양 평촌이나 부천 중동보다도 저렴하다. 살기는 좋으나 접근성 면에서는 뒤처지는 입지가 되었다.

교통은 현재 상태도 중요하지만 앞으로 개선될 여지가 있는지 따지는 것도 중요하다. 현재의 교통망은 현재의 가격에 이미 반영이 된 상태다. 가격이 비싼 곳 중에는 교통이 좋아질 곳도 많다. 지하철의 경우 보통 착공과 개통 때에 급등기를 경험할 수 있다.

대도시에서는 도로망과 지하철역 신설이 가장 중요한 화두다. 여기저기에 지하철역이 들어선다는 소문이 무성하다. 실제로 사업이 진행될 것인지 알려면 '국가 철도망 구축 계획'에 포함이 되어 있는지 확인해야 한다. 계획에 들어 있어야 최종 확정된 것이고 본격적으로 사업 추진이 가능하다. 정부에서는 2006년 1차를 시작으로 2011년에 2차, 2016년에 3차 계획을 수립·공표했다.

"특목고가 폐지되는 마당에 아직도 학군 타령?"이라고 하는 이들도 있겠지만, 아직도 학군은 수요자들에게 영향을 미치는 중요한 요소다. 보통 부부가 결혼을 해서 집을 알아보는 시기가 아이들이 초등학교를 들어가는 시기이다. 이때는 어딘가에 정착을 해서 좋은 환경에서 아이들을 키우고 싶어 하기 때문이다.

아이들이 어릴 때는 단연 초등학교를 품은 아파트 단지를 뜻하는

'초품아'를 선호한다. 아파트 단지에 초등학교가 있는지가 매우 중요하다. 길을 건너지 않고 안전하게 등하교를 할 수 있다면 우선 안심이다. 중학교부터는 정말 학군을 따진다. 초등학교 고학년 때 좋은 학군으로 이사를 가는 부모들도 실제로 많이 존재한다. 고소득 맞벌이 부모일수록 학군과 학원가가 잘 갖춰진 곳을 실거주지로 삼는다. 핵심 지역의 아파트는 구축이라도 인기가 높다. 택지 개발 지구도 학군이 형성되는 위치에 따라 우수 단지가 갈린다. 학원가가 잘 형성된 곳은 이주 수요가 많다. 내 관심거리가 아니라고 해서 무시하지 말고, 실제 부동산과 학원가를 다니며 검증해 보아야 한다.

예전에는 상권이 가까이 있으면 번잡하고 시끄럽다고 해서 꺼려하는 이들도 있었다. 하지만 요즘 트렌드는 '편의성'이다. 편의시설과 문화시설이 갖춰진 곳에 사는 것을 좋아한다. 아무리 시끄럽고 더워도 문을 닫고 에어컨을 켜면 그만이다. 창문을 열고 시끄러운 소리를 들을 필요가 없다. 집에서 신던 슬리퍼를 신고 마트나 영화관을 갈 수 있는 '슬세권', 맥도날드를 도보로 이용할 수 있는 '맥세권'도 뜨고 있다. 덕분에 주상복합의 인기도 날로 높아져가고 있다.

환경적인 면에서 우선은 부정적인 요소를 배제해야 한다. 화장터나 교도소, 차량기지도 혐오시설에 포함된다. 만일 있던 시설이 이동한다면 입지가 좋아진다고 평가할 수 있다. 또한 여의도 공원 같은 대형 공원이나 일산의 호수공원, 수변공원은 좋은 환경이 된다. 자연환경은 싫어하는 사람이 없다. 하지만 산이 인근에 있는 숲세권은 다시 한 번 고려를 해야 한다. 산 아래에는 지하철역 등 대중교통에 인접하기가 쉽지 않다. 심한 경사로를 통과해 집으로 가고 싶어 하는 사람도 없다.

다른 입지 요건도 함께 고려하는 편이 좋을 것이다.

물건 분석은 큰 그림을 본 후 디테일로

물건 분석은 크게 3단계로 진행된다.

> 첫째, 부동산이 위치한 지역에 대한 분석을 선행한다.
> 둘째, 물건 개별 위치에 대해 분석한다.
> 셋째, 물건 자체를 분석해야 한다.

처음에는 지역에 집중하고, 다음에는 물건의 위치에 집중하고, 마지막에는 물건에 집중하는 식이다. 큰 그림에서 세부적으로 들어간다. 지역과 개별 물건의 위치는 일자리, 교통, 학군, 상권, 환경(주거벨트라인) 다섯 가지만 고려하면 된다. 물건 자체는 단지 내 위치, 동, 층수, 내부 평면도, 노후도, 리모델링 여부 등을 따지게 된다.

한번은 신축 아파트 단지의 '구경하는 집'에 갔다가 화장실에 붉은색과 금색 테두리를 두른 타일을 깐 집을 본 적이 있다. 이런 일반적이지 않고 호불호가 확실한 인테리어는 사실 삼가는 것이 좋다. 물건 자체에도 개별성이 너무 강조된 것은 피하는 편이 좋겠다.

부동산에도 트렌드가 있다, 먼저 읽고 선점하라

아파트를 둘러보다가 칠순을 넘긴 할머니 공인중개사를 만난 적이 있다. 금천구에 새로 들어온 아파트가 2배 이상 올랐다는 이야기를 하다가 "예전에는 이렇지 않았어"라며 '나 때는 말이야'를 시연하셨다.

할머니 공인중개사가 아이들을 키울 때는 역세권 아파트는 선호 주택이 아니었다고 한다. 지하철역과 상권이 가까우면 시끄럽고 지저분하고 사람이 많이 다닌다고 해서 꺼려했다고 한다. 대신 산이 가까워 공기가 좋고 조용한 곳을 찾는 사람들이 더 많았다는 이야기이다. 그런데 이제는 시대가 바뀌었다. 집을 구하러 오는 사람들 대부분이 "지하철역에서 가깝고"를 먼저 얘기한다고 한다.

무엇이 달라진 것일까? 산업사회가 고도화되고 편의시설의 도심 집중 현상이 심해지면서 사람들은 편한 것에 익숙해졌다. 손만 뻗으면 닿을 수 있는 곳에 모든 것이 있기를 바란다. 덕분에 혼밥을 배달해

주는 앱과 수입 캔맥주가 인기다. 집에서 직접 맥주를 만들어 혼술을 하는 이들도 늘었다. 이러한 문화와 트렌드는 주거 공간에도 영향을 미쳤다. 보다 독립된 공간, 가까운 곳에서 모든 서비스를 받을 수 있는 곳이 최고의 주거공간으로 꼽히고 있다.

어떤 '세권'을 가졌느냐가 시세를 결정한다

실제로 잠실나루역에 있는 대단지 아파트들의 실거래가 분석을 해 본 적이 있다.

대로변 남향 아파트와 단지 안쪽 남향 아파트가 눈에 들어왔다. 어느 쪽이 더 비쌀까? 아이들을 키우고 생활을 하기에는 단지 안쪽이 나왔다. 소음 때문에 대로변 아파트보다는 안쪽이 나을듯했다. 그런데 가격을 살펴보니 대로변이 좀 더 높게 나왔다. 대로변이 역세권이었기 때문이다. 출퇴근을 하는 사람들에게는 소음은 문제가 되지 않았다.

요즘은 편의성을 세권으로 표현한다. 역세권, 학세권, 숲세권, 슬세권, 맥세권 등 이왕이면 '세권'이 많이 갖춰진 곳이 인기도 가격도 높다. 편리성의 추구가 주거 문화를 또 어떻게 바꿔 놓을지는 알 수 없다. 그러나 편리성에 의해 주거 형태와 문화가 달라지는 것은 확실해 보인다.

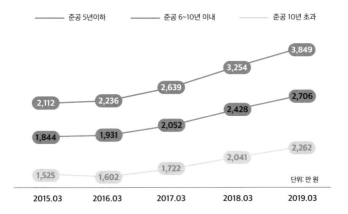

서울시 아파트 연식별 3.3㎡당 평균 매매가격 추이

준공 5년이하 ━━━ 준공 6~10년 이내 ━━━ 준공 10년 초과

	2015.03	2016.03	2017.03	2018.03	2019.03
준공 5년이하	2,112	2,236	2,639	3,254	3,849
준공 6~10년 이내	1,844	1,931	2,052	2,428	2,706
준공 10년 초과	1,525	1,602	1,722	2,041	2,262

단위: 만 원

출처: KB부동산 리브온

모두가 새 아파트를 좋아한다

물론 '모두가 좋아하는 것'은 수시로 바뀐다. 아파트가 처음 들어설 때만 해도 마당 있는 단독주택만큼 인기가 높지는 않았다. 내가 아는 분은 서울에서 공무원 시험에 합격한 후에 신혼집으로 압구정 현대 아파트와 단독주택을 놓고 고민했다고 한다. 그런데 아파트가 어떨지 몰라 단독주택을 산 것이 두고두고 후회스럽다고 했다. 압구정 현대 아파트에 살던 사람들로부터 좋다는 이야기를 듣고 막상 이사를 가자니 이미 가격이 천정부지로 올라 이사를 갈 수 없었으니 말이다.

그러나 변치 않는 것은 '새 것'을 좋아한다는 것이다. 새 것일수록 요즘 트렌드에 더 잘 맞는다. 10년 전 지은 아파트에 가면 커뮤니티 공간이 제법 잘 갖춰져 있다. 그러나 예전 아파트는 거주만을 위한 공간이었다. 운동을 하려고 해도 아파트 단지를 나서야 했고 수영장도 따로 어딜 가야 했다. 손님을 맞으러 동네 찻집에 갔다. 그런데 요즘은 단지 내에 다 있다. 덕분에 생활반경은 좁아졌다. 그런데도 사람들은 이런 주거 트렌드를 좋아한다. 요즘 트렌드가 편의성을 추구하는 것이기 때문이다.

실제 2015년 서울 준공 5년 이하 아파트와 준공 6~10년 이내 아파트 평균 매매가격 차이가 3,514만 원이었지만 2019년에는 3억 2,995만 원까지 벌어졌다. 앞으로 신구 아파트의 가격차는 더 뚜렷해질 것이다. 1979년부터 1992년 태어난 에코세대가 새로운 수요층으로 진입하면 신축효과는 더 강화될 것이다.

부동산 시장을 바꿔 놓을 1인 가구 증가

전국적으로 1인 가구 증가는 하나의 트렌드를 형성하고 있다. 2018년 8월 기준 전국의 1인 가구는 836만 가구로 전체 2,234만 가구의 37.4%를 차지했다. 경기도에 185만 가구, 서울에 173만 가구로 전체 1인 가구의 42.9%가 서울과 수도권에 집중된 모습이다. 이밖에 전남, 강원, 충남, 경북, 제주, 충북 등도 1인 가구 비중이 30%를 넘겼다. 이대로라면 향후 30년 안에 1인 가구는 우리나라의 표준 가구로 자리잡을 것이고, 이들이 부동산 시장의 주요 고객이 될 것이 자명하다.

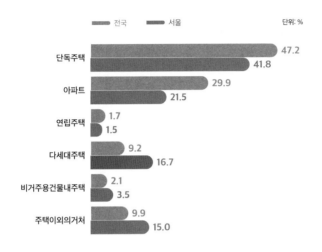

1인 가구 거처의 종류 및 비중(2018년 1월 기준)

■ 전국　■ 서울　단위: %

거처 종류	전국	서울
단독주택	47.2	41.8
아파트	29.9	21.5
연립주택	1.7	1.5
다세대주택	9.2	16.7
비거주용건물내주택	2.1	3.5
주택이외의거처	9.9	15.0

출처: 통계청

　2019년 주택 소유 통계에 따르면, 1인 가구 중 무주택자의 수는 401만 7,191명으로 절반에 이른다. 집값이 1인 가구가 감당하기 어려운 수준으로 오른 것도 있지만, 내 집 마련의 부담이 덜할 것도 이유다. 이들은 임대시장의 주요 수요자로 자리를 잡고 있다.

　그런데 2015~2019년 공급된 아파트 중 $66m^2$ 이하의 적은 평수는 2.48%에 그친다. 셰어하우스나 초소형 도시형생활주택, 오피스텔 등 준주거 상품의 공급도 있으나 과거보다 늘지는 않고 있다. 300세대 이상 주택에 대해 전체 건설호수의 20% 이상을 전용면적 $60m^2$ 이하로 건설하던 규제가 2015년 폐지되면서 초소형 아파트 공급은 감소되고 있다.

2장 부동산 재테크 불변의 법칙

서울과 수도권의 직주근접 지역에는 1인 가구가 몰릴 수밖에 없다. 지금도 이들 지역에 5년 이내 신축이나 역세권 소형 아파트는 대기수요가 높다. 이들을 공략하는 주거상품을 선점한다면 미래 가치는 더 높아질 것이다.

길을 따라 돈이 흐른다, 길목을 지켜라

'길'은 부동산의 가치를 올리는 확실한 요소로 꼽는다. 시장 침체에도 아랑곳없이 새로운 길이 뚫리거나 지하철이 신설되면 가격은 상승 곡선을 그린다. 덕분에 "부동산의 뭉칫돈은 길을 따라 흐른다"라는 말까지 만들어졌다. 가장 가까운 예로 분당선과 신분당선은 인근 아파트 가격을 끌어올렸다. 신분당선의 마지막 역인 광교에서 수원의 호매실까지 연장하는 공사가 진행되면서 가격 상승은 수원 전체로 확장되었다.

그러나 새로운 길을 예상한 투자는 불확실성과 위험성이 높다. 일례로 마포구 상암동과 영등포구, 그리고 양평동을 잇는 월드컵 대교는 2010년 4월 착공 시 5년 후인 2015년 개통을 목표로 했으나 2020년 3월 현재까지도 공사가 진행 중이다. 서울시는 2020년 12월에는 개통을 하겠다고 밝혔지만, 월드컵 대교의 개통 호재를 믿고 투자에 나선 사람들의 기다림이 언제 끝날지는 아직 모를 일이다.

돈이 길을 따라 흐르는 것은 확실하나, 좋은 길목을 지켜야 원하는 시기에 원하는 수익을 얻을 수 있다.

새로운 길은 지역 간 격차를 줄여준다

예전에 '거리'는 단순히 물리적 거리였다. 그런데 요즘은 걸어서 다니는 사람이 거의 없어서 거리에 대한 시각이 달라졌다. 운동을 하러 헬스클럽에 갈 때도 '도어 투 도어'이다. 자가용이나 대중교통을 이용한다. 때문에 요즘은 시간적 거리를 더 중시 여긴다. 대중교통이 만드는 거리, 차량 이동 거리 등이 더 중요해졌다. 그리고 현실적으로 직장과 가까운 곳에 집을 구하기는 매우 어렵기 때문이다. 차선으로 대중교통으로 한 번에 갈 수 있는 거리, 그것도 시간이 덜 걸리는 지역에서 살고 싶어 한다. 시간적 거리를 단축시키는 곳이 좋은 주거지로 꼽히고 있다.

그렇다면 한번 생각해보자. 교통 호재는 어디에 어떻게 영향을 미치는 걸까?

일례로 삼성역은 사람들이 가장 많이 몰리는 지역 중 하나다. 현재는 많은 버스와 지하철 2호선을 이용해 갈 수 있다. 그런데 GTX가 완성되면 GTX A노선과 C노선도 이용할 수 있다. 삼성역 인근에 살면 2호선뿐만 아니라 2개 노선을 추가로 더 이용할 수 있다. 이로 인해 삼성역 주변 주택지에 교통 호재가 생겼다고 가격 상승을 기대할 수 있을까? 아니다. 교통 호재의 후광효과는 목적지가 아니라 출발지에 달려있다.

물론 삼성역에 추가 노선이 결합되면 유동인구가 증가하고 해당 입지의 인구 밀도가 증가해 인프라 사용 증가로 주변의 지가와 주택 가격은 오를 수밖에 없다. 그 때문에 가치 상승이 계획 발표와 동시에 빠르게 반영되어 초과 수요로 발생하는 거품이 낄 수도 있다. 확실히 상권은 거점을 중심으로 수도권 수요자까지 흡수하면서 더 크고 견고하게 커진다(빨대 효과). 하지만 주택 투자에서는 조금 다르다. 해당 노선이 깔리면서 더 좋아지는 자리가 더 큰 가격 성장을 이룬다. 이전에는 대중교통으로 서울역과 삼성역에 가기 어려웠던 파주 운정 그리고 서울 중심까지 오려면 최소 1시간은 걸려야 했던 경기도 양주의 집값이 올라갈 수밖에 없는 것이다.

새로운 길은 지역 간 격차를 줄여준다. 사람들이 쉽게 이동할 수 있어서이기 때문이다. 격차의 기준은 높은 쪽, 좋은 쪽이다. 낙후되고 어려운 쪽이 시간적 거리 해소로 입지가 좋아지는 효과를 본다. 이곳이 바로 투자처가 되는 것이다.

GTX가 뭐지? 모르면 늦는다

2020년 가장 핫한 것은 수도권 광역교통망인 GTX이다. GTX는 급행열차로 서울의 주요 일자리 지역과 주거지의 시간적 거리를 획기적으로 줄여준다. 경기도와 국토교통부가 심각한 교통문제를 획기적

GTX 노선도

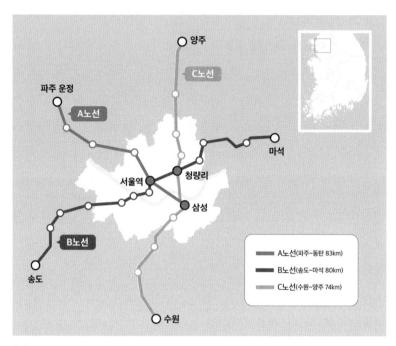

A노선(파주~동탄 83km)
B노선(송도~마석 80km)
C노선(수원~양주 74km)

출처: news1

으로 해결하겠다며 내놓은 안으로 정부에서도 몇 차례나 적극적인 추진 의지를 밝혔다. 2018년 착공을 시작해 2025년 완공을 목표로 3개 구간에 걸쳐서 추진 중이다. 아직 일반인들은 GTX가 무엇인지 기존 지하철과 어떤 차별점이 있는지 잘 모르지만, 내용을 알면 알수록 매력도가 매우 높은 사업이란 것을 금방 알 수 있다.

GTX는 지하 40m에서 50m 터널을 뚫어 전 구간을 직선화한다. 때문에 기존에 길(도로)을 따라 운행하는 전철보다 3배 이상 빠르다.

GTX가 통과하는 지역은 서울 중심권으로의 이동시간이 기존의 3분의 1로 단축된다. A노선을 살펴보면 동탄에서 강남역, 삼성역까지가 77분에서 19분으로, B노선에서는 송도 국제도시에서 서울역까지가 82분에서 27분으로, C노선에서도 의정부에서 강남역, 삼성역까지가 73분에서 13분으로 출퇴근 시간이 줄어든다.

이밖에도 4호선 연장 진접지구, 5호선 연장 하남선의 하남미사 신도시, 7호선 연장 청라선 청라신도시, 8호선 연장 별내선, 강경선 전철 구간인 판교-여주 구간이 통과하는 경기도 광주시, 이천시, 여주시, 김포도시철도 개통으로 재평가 받고 있는 김포 신도시까지 교통 호재를 안고 있는 지역은 무궁무진하다.

그렇다면 언제 어디를 들어가야 할까?

보통 개발 계획만 들려도 부동산은 들썩이기 마련이다. 그리고 착공 시점에 한 번, 개통 전후로 한 번 더 가격이 오른다. 일반적으로 교통 개발은 계획 발표 이후 15년 이상, 착공 시점으로부터도 10년 이후에나 현실화 된다. 오랜 기간 "된다, 안 된다"를 들었기 때문에 가격에 이미 기대감이 반영되어 있다. 그런데도 개통 이후에는 가격이 한 번 더 상승한다. '눈에 보이는 효과' 때문이다. 막상 새로운 교통 환경이 만들어지고 이를 사용한 사람들이 하나 둘 생기면 입소문이 나고 눈에 보이는 것에 마음이 요동치는 투자자들도 생긴다.

시기적으로는 사업 초반이 아무래도 유리하다. 도로 및 전철 개통

예정 주변 지역에서 분양을 앞두고 있다면 안성맞춤이다. 신규 아파트로서 메리트가 있고 교통 호재 효과도 누릴 수 있기 때문이다.

위치적으로는 지하철 역세권과 도로 나들목 프리미엄이 시장에 빠르게 반영된다. 역세권이라면 경전철보다는 GTX처럼 직주근접에 효과적인 노선의 오름폭이 더 크다. 경전철은 교통이 편리해지기는 하지만 다른 노선에 비해 효과는 덜하다. 나들목 지역은 교통 여건 개선으로 지역 개발이 빨라지고 편의시설도 늘어나 가치가 한껏 높아진다.

그러나 길목을 지키는 투자에서는 단타로 접근하는 것은 피해야 한다. 교통 여건 개선은 시간이 오래 걸린다. 장기적인 계획을 가지고 들어가야 단단한 과실이 열렸을 때 수확할 수 있다.

나이에 맞는
투자의 계단에 올라라

"무엇부터 시작하는 게 좋을까요?"

부동산 투자 입문자들이 흔히 하는 질문이다. 대부분 전문가는 "종잣돈부터 마련하라"고 한다. 그리고 공부하라고 한다. 현실에서 50%는 종잣돈을 모으지 못해 투자를 못하고 50%는 어디서부터 시작해야 할지 몰라 투자를 망설이다.

나는 '나이'에 맞춰서 투자 종목을 고르라고 권한다. 물론 부동산 투자는 경우에 따라 매우 다르다. 하자고 하면 고려할 것들이 천지다. 사는 지역, 나이, 투자금, 직업…. 모든 요소들이 다양하다. 모든 것을 종합적으로 평가해 시작하기에 골치가 아프다. 이때는 가장 단순한 것을 우선순위로 고민해서 시작한다. '나이'는 투자의 가장 큰 아웃라인을 정하는 기준이 될 수 있다. 이렇게 처음 아웃라인을 잘 잡으면 돌아가는 번거로움을 피할 수 있다.

투자에도 순서가 있다. 특히 부동산 투자는 계단식으로 성장해 나아가야 한다. 나이가 어릴수록 입문에 충실해야 하고 나이가 많을수록 기초를 탄탄히 다져 전문 투자 방식으로 방향을 정하는 편이 좋다. 20~30대부터 투자의 계단을 이해하고, 차근차근 단계를 밟아가기를 권한다.

2030 부동산 입문기, 공부도 투자다

20~30대는 부동산 입문기이다. 첫 발을 떼야 한다. 흔히 투자를 돈을 넣어서 수익을 거두는 것으로 생각하는데 이게 다가 아니다. 돈을 넣기 전에 하는 모든 행위도 투자에 포함된다. 강조하는 것은 "공부도 투자"라는 것이다.

2030에는 종잣돈이 한정돼 있다. 이때는 돈을 잃지 않으면서 투자금을 불려나가야 한다. 그러기 위해 부동산을 공부하는 법부터 알아야 한다. 투자에는 여러 가지 종목이 있지만 부동산, 그 중에서 주택이 좋은 이유는 가장 안정적이기 때문이다. 주택은 수요가 확보된 자산이다. 주거용 부동산은 누구나 필요하기 때문에 세를 줄 때 가격을 내리면 최소한 공실은 나지 않는다. 리스크를 최소화할 수 있다. 투자자 자신에게도 리스크를 최소화하는 것은 필요하다.

우선은 내 집 마련을 목표로 부동산을 찾고 임장을 다니는 연습을 해야 한다. 지역을 확인하고 실제 주택들에 들어가 보면서 현장감을 풍부하게 익혀야 한다. 더불어 소득을 모으는 것도 중요하다. 공부와 종잣돈 마련을 한꺼번에 하다 보면 원하는 상급지 입성은 어려워도 최소한 '차선지' 입성은 가능해진다. 내가 목표로 한 주택은 사지 못할지라도 차선의 주택은 살 수 있을 정도가 된다.

그런데 요즘은 결혼 정년기가 30대 후반으로 늦춰졌다. 어찌 보면 내 집 마련은 한참 뒤의 일일 수도 있다. 최근에는 내 집 마련보다 다른 부동산 투자를 먼저 시작하는 이들도 있다. 추천하는 것은 '대체주택 투자'이다. 소형 빌라(다세대주택)나 오피스텔을 전세를 껴서 매입하는 갭투자에 나선다. 전세금이 오르는 만큼 투자금도 회수하고, 전세금이 매매가를 끌어올리는 만큼 시세차익도 거둘 수 있다.

만일 급여가 높아 5,000만 원에서 1억 원 이상의 종잣돈이 있다면 사실 경매를 시도해 봐도 좋다. 요즘 젊은 사람들 사이에 핫한 종목은 경매다. 경매 학원도 많이 다닌다. 하지만 한 가지 강조하고 싶은 점은 성공한 경매가 높은 수익률을 보이는 것은 그만큼 리스크가 크기 때문이라는 것을 기억하라는 것이다. 초보자들이 고난도의 경매를 성공하기는 쉽지 않다. 처음부터 너무 큰 욕심을 갖고 시작하면 도리어 손해를 볼 수도 있으니 주의해야 한다.

2030 시기에 중요 투자 포인트는 투자 기간을 짧게 잡는 것이다. 종잣돈이 작아서 회수하는 금액도 크지 않을 수 있다. 회수 기간을 짧게 잡아서 여러 번 물건을 갈아타는 전략으로 수익률을 높여야 한다. 종잣돈이 커지면 다음 계단으로 이동한다.

한편 문재인 정부 이후로는 거주용 부동산에 대한 규제가 심해졌다. 투자자에게 가장 중요한 것은 전매와 세금인데, 규제지역은 전매가 제한적이다. 상대적으로 거래가 자유로운 비규제지역에서, 전매기간이

짧은 지역에서 분양권이나 입주권을 샀다가 거래하는 것도 좋은 투자 방법이 될 수 있다.

4050 투자의 성숙기, 자산을 불리는 길을 찾아라

4050세대는 자본이 어느 정도 축적된 이들이다. 이때는 사실 선택의 갈림길에 놓인다. 거주하는 주택을 상위지역으로 갈아타고자 하는 부류가 있고, 거주 주택 외에 월세나 전세를 낀 주택을 구입하면서 주택을 늘려가는 부류도 있다. 마지막으로 높은 수익률을 목표로 오피스텔이나 상가, 지식산업센터와 같은 상업용 부동산에 투자하는 부류도 있다.

나는 4050세대에게 상업용 부동산에 주목하라는 충고를 많이 하는 편이다. 4050세대는 축적된 자본으로 공격적인 투자를 할 여력이 있다. 수입은 정점에 있으면서도 아직 은퇴까지는 여유가 있다. 때문에 긴 호흡으로 투자를 이어갈 수 있다. 마이너스 수익이나 투자 실패에도 만회할 여지가 있다.

사실 아파트와 같은 주택은 월세와 시세차익 면에서 압도적으로 높은 수익을 보여주는 상품은 아니다. 같은 금액이라면 상업용 부동산 투자가 훨씬 유리하다. 아파트에만 몰입하기보다 다양성을 열어놓고 자신에게 맞는 투자를 해야 한다.

나 역시 40대이기 때문에 많은 이들이 나의 투자처를 궁금해한다. 나는 앞으로 개발이 예상되는 지역의 대로변이나 가지도로가 있는 곳의 저평가된 빌딩을 매입해 두었다. 수익을 위해 보다 공격적으로 투자를 하고 있는 셈이다.

상가는 수요가 확보돼 있고 앞으로 개발될 지역을 잘 찾아내면 아파트가 가져다주는 수익의 2~3배가 가능하다. 대세 상승기에 아파트 가격 상승을 경험한 투자자들은 아파트에만 집중하지만, 이때도 빌딩 가격의 상승폭은 아파트의 4배나 되었다.

재개발 재건축도 노려볼 만하다. 재개발과 재건축은 시간이 오래 걸린다. 중간에 사업이 어그러질 수 있는 리스크도 존재한다. 4050세대는 열매가 달릴 때를 기다릴 여유가 있으므로, 긴 호흡으로 가져갈 수 있다. 추가 부담금 때문에 투자를 꺼리기도 하는데 실입주를 노리지 않는다면 크게 걱정할 필요는 없다. 도시정비 사업은 최소 10년 동안 여러 단계에 걸쳐 진행된다. 물론 현재는 규제로 인해 재개발은 관리처분, 지건축은 조합설립인가 이후 전매가 제한되어 마음대로 거래를 할 수 있는 시기가 정해져 있기는 하지만 투자금이 얼마 없다면 잠깐 사뒀다가 금액이 적절히 오르면 팔고 나와도 된다. 수익을 거두고 발을 뺄 수 있으므로 추가 부담금은 추후의 문제다.

60대 이상, 고정 수익 창출에 집중하라

우리나라 빈곤 문제는 노령인구에서 특히 많이 나타난다. 수입이 줄기 때문에 소득도 가파르게 추락한다. 이때는 시세차익으로 자산을 불리기보다는 정기적인 소득을 창출할 수 있는 부동산이 필요하다.

60대 이상은 불려온 자산을 월세 소득으로 재배치해야 하는 시기이다. 여러 부동산을 하나로 합쳐서 규모를 키우고 수익금을 높이는 방식으로 접근해야 한다. 자본이 크다면 빌딩을 선택할 수 있다. 목표는 월세가 많이 나오는 안정적인 수익형 부동산이다.

고시원 같은 다중주택은 투자금 대비 수익률이 높다. 비교적 다른 종목에 비해 저렴하기 때문이다. 대학가나 업무지역의 상가와 주택이 결합된 건물을 고르면 안정적인 수익을 거둘 수 있다. 너무 노후한 상가주택은 불법 건축물도 많고 관리 비용이 많이 들어가 배보다 배꼽이 더 클 수도 있기 때문에 세부 사항을 체크해 추가 비용이 들어가지 않는 물건을 골라야 한다.

만일 자본이 보다 한정적이라면 쪼개서 투자하는 것도 방법이다. 업무와 상업이 결합된 역세권의 대체주택을 추천한다. 오피스텔이나 다세대주택은 아파트보다 1.5~2배 많은 수익률을 보인다(서울 평균 5%). 입지만 좋다면 낡은 부분을 수리해 월세를 올려서 받는 것도 효과적인 방법이다.

부동산도 선행학습이 필요하다, 종목을 알자!

부동산은 우리 삶에서 떼려야 뗄 수 없는 것이다. 그런데 초보 투자자나 젊은 사람들은 부동산이 굉장히 먼 훗날의 이야기라고 생각한다. 나이가 4050은 돼야 부동산의 '부'자를 꺼낼 수 있다는 선입견을 갖고 있다. 돈을 벌 수 있는 기회를 놓치는 것뿐만 아니라 피해를 보는 경우도 생긴다.

공부에도 때가 있듯 부동산도 알아야 할 때가 있다. 사회에 나가 실전을 경험하기 전에 선행학습이 필요하다. 영어나 수학만 선행학습이 필요한 게 아니다. 부동산이야말로 알고 난 후에 경험하는 것이 좋다.

누구나 집이 필요하다. 돈을 담을 자산의 그릇도 필요하다. 만약에 집을 30대에 장만하려 한다면 20대에는 공부를 시작해야 한다. 40대는 자산을 담을 부동산을 장만할 시기다. 역시 30대에는 투자 공부를 시작해야 한다. 알고 시작하는 것과 투자를 하면서 배우는 것은 큰 차이가 있다. 흔히 이야기하는 '수업료'를 감당하기에 부동산은 매우 무거운 상품이다. 제대로 손해를 본 후에 "제대로 배웠네. 수업료 낸 셈치지 뭐"라는 말로는 위로가 안 된다.

삶과 부동산은 함께 간다

결혼식을 마치고 채 1년도 되지 않은 후배에게서 다급한 전화를 받았다. 살고 있는 주택이 대출금과 전세금의 합이 70%를 넘겨버린 깡통 전세인 것 같다는 이야기였다. 등기부등본을 확인해 보니 선순위 대출이 끼어 있는 집에 전세를 들어가 있었다. 3개 공동 담보가 3억 5,000만 원이었고. 후배의 임대차 보증금은 1억 8,000만 원이었다. 시세가 5억 원을 간신히 넘기는 집이었으니 한번 유찰만 돼도 1억 원은 날아갈 상황이었다. 후배는 급하게 '최우선 변제금'을 알아보았다. 그러나 금액이 큰 전세 보증금은 해당이 없다는 것을 알고 낙심할 수밖에 없었다. 지푸라기라도 붙잡는 심정으로 전화를 걸었던 것이었다.

혹시나 하는 마음에 '전세대출 보증 보험'에 대해 물어보았다. 은행에 전세자금 대출을 받을 때 주택 보증 공사에서 보험 가입을 하지 않았느냐고 묻자 후배는 "잘 모르겠다"라고 답했다. 전화를 끊고 빨리 확인해 보라고 했다. 다행히 보증 보험 가입이 돼 있어 한시름을 놓았다.

이런 경험은 주변에 매우 흔하다. 처음 부동산을 접하는 이들에게는 전세 계약을 맺는 일도 쉬운 일이 아니다. 세상살이에 대해 무지한 만큼 부동산에 대해서도 모른다. 경험상 부동산의 첫 번째 스승은 부모인 경우가 많다. 전셋집을 구하든 월세방을 구하든 지식이 있는 부모들은 안전사고를 사전에 막는다. 그러나 그렇지 못한 경우 정말 고생을 많이 한다. 고약한 집주인을 만나 고생을 하는 것은 약과다. 부동산 중개소만 믿고 거래를 했다가 보증금을 날리는 경우도 흔하다.

우리의 삶은 부동산과 함께 간다. 99칸 궁전이든 방 한 칸짜리 월세방이든 집은 누구나 필요하다. 친구를 사귀는 마음으로, 부동산과 친해져야 한다.

구축, 재개발, 재건축, 분양권의 목적지는 같다

일생에 한 번은 독립을 맞이한다. 처음으로 삶을 영위하는 주택이라는 공간에 대해 고민하게 된다. 그리고 그 마지막에는 '아파트'라는 종목이 있다. 홀로 사는 사람이든 가족을 이룬 사람이든 아파트에 사는 것을 가장 이상적인 형태로 생각한다.

이런 연유로 아파트는 대한민국에서 절대적인 수요가 몰려드는 곳이다. 그런데 그 여정에는 여러 가지 방법(종목)이 있다. 구축 아파트, 재개발, 재건축, 분양권은 모두 아파트로 가는 여정에 있다. 모두가 새 아파트에 살고 싶어 하지만 당장 가질 수 없기 때문에 이러한 중간 다리를 거치게 된다. 뒤집어 이야기 하면 구축, 재개발, 재건축, 분양권의 수요자는 아파트 수요자와 같다. 어떤 종목이든 새 아파트를 기준으로 입지 평가를 하고 우량주를 솎아내면 실거주와 투자 모두에서 만족하는 결과를 얻을 수 있다.

그런데 부동산 초보자들의 경우 완성된 아파트만을 목표로 삼는다. 가장 쉽게 접근할 수 있고 정보도 쉽게 얻을 수 있기 때문이다. 특히 부동산 열기가 뜨거울 때 아파트 쏠림 현상은 두드러진다. 이중 투자의 경우는 지역과 세대수, 그리고 시공사 브랜드만을 고려하는 경우가 흔하다. 종목을 넓게 펼쳐 놓고 시기와 전략을 고민해야 한다는 걸 모른다.

투자의 효율을 높이려면 남들과 다른 길을 가야 한다. 정상에 이르는 지름길은 항상 길이 좁은 오솔길이다. 주택에서도 종목을 세분화할 필요가 있다. '신규 브랜드 아파트'라는 프레임에서 벗어나면 다른 길이 보일 것이다. 구축, 재개발, 재건축, 분양권 등 개별 투자처는 장점과 단점이 명확히 있다. 안정성과 수익성은 반비례하지만, 기본적으로 '주택'이라는 안정적인 부동산 시장에 포함된 것은 동일하다.

오피스텔과 아파트는 입지가 다르다

3040 세대를 만나보면 그나마 '집'과 관련된 부동산에 대해서는 어느 정도 아는 것이 생긴듯하다. 직접 집을 얻으러 다닌 이야기, 청약 넣은 이야기, 이사 이야기를 들어보면 산전수전 공중전까지 제법 이야기가 길어진다. 그런데 '자산 증식'으로 이야기가 넘어가면 대부분 '카더라 통신'이다. 회사의 과장님, 부장님부터 사돈의 팔촌이 뭘 사고 팔아서 어떻게 됐다는 이야기가 전부다. 직접 투자를 해본 경험이 없고, 진득하게 공부를 해 본 적도 없다. 종목에 대한 지식은 말할 것도 없다.

모든 부동산 투자는 '위치 선점'의 의미가 강하다. 그러나 종목별로 어느 곳을 선점해야 하는지 기준이 다르다. 종목마다 위치와 자본, 기법이 다르기 때문에 이를 알아두지 않고 '카더라 통신'만 믿고 투자를 했다가는 낭패를 보기 쉽다.

일례로 주택과 오피스텔의 입지가 다른 것을 아는 이들도 드물다.

아파트는 주거벨트 라인에 속해 있거나, 속할 예정인 곳이 좋은 입지라고 할 수 있다. 거기에 상업시설을 포함한 생활 인프라가 잘 갖춰진 곳에 수요가 몰린다. 상업시설이 잘 갖춰진 것으로 주거벨트 라인의 규모도 가늠해볼 수 있다. 신축 아파트는 가치가 선반영된 경우가 대부분이다. 재개발이나 재건축이 진행되면 개발소득이 발생해 수혜자들이 생길 수밖에 없다.

오피스텔은 기본적으로 주택이 없거나 드문 곳이 좋은 입지다. 오피스텔은 대표적인 대체주택군으로 상업시설이 많은 곳에 지어질 수밖에 없다. 그리고 오피스텔에 거주하는 이들 역시 직주근접이 잘 되는 업무지구 인근을 선호한다. 이들 지역은 아파트가 들어설 수 없는 곳이기 때문에 오히려 오피스텔이 각광을 받는다. 대신 오피스텔은 가치가 선반영 되는 경우는 흔치 않다. 아파트의 가격이 미래의 가치를 보여주는 것과 달리 오피스텔은 현재의 사용 가치를 강조해 보여준다.

세상을 알아야 투자가 가능하다

부동산 초보자일수록 주택을 선호한다. 주택이 주는 안정감을 누리고자 한다. 하지만 투자의 경험이 쌓일수록 남들이 하지 않는 것에 관심을 가지고 도전할 여유가 생긴다. 이제 첫 발을 뗀 투자자들에게 나는 "세상 전반에 대한 이해도를 높여라"라는 주문을 자주 한다.

만일 상가에 투자를 하고 싶다면 장사와 사업에 대한 이해가 필요하다. 나의 상가에 들어와서 어떤 장사를 할 수 있을지, 사업을 한다면 얼마의 수익을 낼 수 있을지 알아야 한다. 국내 경기라 호황인지 불황인지, 자영업자들이 느끼는 월세 부담은 어느 정도인지를 알아야 한다.

토지를 사고 싶다면 토지의 쓰임새에 대해 알아야 한다. 농지로 쓸 땅인지, 주택을 지을 땅인지, 개발이 이루어져 도로가 들어설 곳인지 정확히 알고 투자를 해야 한다. 이러한 이해 없이 '땅'을 사는 대부분의 사람들이 기획부동산 사기의 피해자가 될 수 있다.

흔히 경매를 부동산의 핫한 종목으로만 아는데, 엄밀히 말해 경매는 '종목'이 아니라 '매입하는 방법'의 하나다. 보통 중개사를 통해 거래를 하지만 나는 중개사를 거치지 않고 좀 더 싸게 사겠다는 생각으로 경매장을 찾아야 한다. 그리고 거래 이후를 늘 염두에 두어야 한다. 낙찰을 위해 권리 분석은 열심히 하되, 내가 낙찰 받을 물건을 어떻게 사용하거나 팔아야 할지도 반드시 생각을 해두어야 한다.

큰 틀에서 보면 부동산 선행학습의 범위는 매우 넓다. 그러나 너무 어렵게만 생각할 필요는 없다. 경험상 '부동산'에 대한 레이다를 켜두면 알게 모르게 저절로 공부가 된다. 가끔 나는 낯선 곳에서 나도 모르게 주거벨트라인을 그려보거나, 유동인구와 상업시설을 가늠하며 상권 분석을 하고 있는 나를 발견하곤 한다. 이 책을 읽는 독자들 역시 곧 경험하게 될 일이다.

첫 단추가 문제다!
절대로 전세 살지 마라

"그러게 엄마 내가 그때 산다고 했잖아?"

"내가 사지 말라 그랬어? 알아서 하라 그랬지!"

일가친척 중 누군가 결혼을 하고 난 후 흔히 보는 광경이다.

결혼 전 자녀는 '신혼집'을 어찌할지 고민이 많다. 선배들을 보면서 첫 집 장만도 꿈꿔본다. 그러나 현실에 금수저는 많지 않다. 부모님은 자녀의 대출이 걱정이다. "괜찮겠어? 몇 억 원씩 빚지고 살 수 있겠어?" 부모의 대출 걱정에 겁을 먹고 전세를 선택하는 신혼부부들이 대부분이다. 그런데 2년 뒤면 여지없이 후회가 찾아온다. 전세가가 오르고 집값은 더더 오른다. 원망은 고스란히 대출을 말린 부모에게 돌아간다.

부모님 세대는 빚을 지는 걸 죄악시했다. 그러나 세상은 변했다. 빚을 겁내는 마음으로는 자본주의 사회에서 부를 축적하기가 어렵다. 자본을 굴리기는 더욱 어렵다. 결혼은 개인이 자산을 모으기 시작하는 첫 번째 단추이다. 잘 꿰어야 한다. 최선은 소득을 고려해서 대출을 최대한 받고 구매력을 높여 무조건 살 집을 장만하는 것이다.

절대로 전세 살지 마라

우선 전세의 의미를 짚고 넘어가자. 내가 이야기하는 전세는 '가진 목돈을 다 넣어서 집을 장만하는 것'을 말한다. 저금리 전세자금 대출이나 반전세를 이야기하는 것이 아니다. 자신의 모든 돈을 집을 빌리는 데 쓰지 말라는 이야기이다.

왜 전세가 안 되는가? 크게 4가지 이유가 있다.

첫째, 전세를 사는 동안 자산을 불릴 기회를 놓친다. 자금 대부분이 전세금으로 묶이면 내 집 마련의 기회를 놓칠 수밖에 없다. 흔히 기회비용이라고 한다. 급매가 나와도 살 수 없고, 좋은 입지에 전세를 낀 매물도 살 수 없다. 또한 전세자금 대출은 전세 계약 시에만 가능하기 때문에 레버리지를 활용할 수 없다. 기회가 와도 잡지 못한다.

둘째, 생활의 질이 떨어진다. 전세제도에서 세입자들이 가장 크게 받는 스트레스는 '갱신'이다. 갱신은 곧 전세금 인상을 의미한다. 전세금 인상폭은 평균 5% 이상이다. 전세금이 5억 원이라면 한 번에 2,500만 원 이상을 인상해 줘야 한다. 전세입자들은 보통 수입에 맞춰서 생활을 한다. 2년마다 목돈을 만들지 못한다. 결국 빠듯하게 보증금을 올려주거나 또는 차선지로 이사를 가게 된다. 이런 이유로 월세를 사는 사람들이 전세를 사는 사람보다 한 곳에서 더 오래 머문다. 전세입자들은 해를 거듭할수록 수도권과 지방으로 밀려날 확률이 높다. 주거지 이전으로 삶의 질 또한 계속 떨어진다.

셋째, 보증금 사고 리스크가 존재한다. 전세제도는 달리 표현하면 목돈을 빌려주고 이자를 대신해 거주 서비스를 제공받는 채권채무관계다. 전세가가 꾸준하게 올라가거나 평준화를 이루면 상관없지만, 전세가가 떨어지면 원금을 돌려받지 못하는 경우도 생긴다. 실제 10명 중 8명의 세입자가 기간보다 늦게 보증금을 돌려받거나 제대로 돌려받지 못하는 문제를 경험했다. 다음 세입자를 기다리거나, 이사 후 돈을 나눠서 받는 중에 금전 사고도 종종 일어난다.

마지막은 전세를 사는 사람들이 느끼는 상대적 박탈감이다. 전세입자들은 상승장에서 보증금을 올려줘야 하는 압박감을 갖는다. 그런데 더 안 좋은 건 집값이 뛰어도 전세입자에게는 아무런 이득이 없다는 것이다. 7억 원에서 10억 원으로 집값이 뛰었지만, 전세입자에게 돌아오는 이득은 없다. 자본 중 5억 원이 본인의 것인데도 말이다. 이런 과정을 몇 번 경험하다 보면 "차라리 다 망해버려라" 하는 비관론자가 되기도 한다.

빌라라도 상관없다! 내 집 마련이 먼저다

첫 집을 꼭 아파트로 장만할 필요는 없다. 나는 지인들에게 수차례

"왜 모두들 아파트만 바라보는가?"라고 묻는다. 우리나라는 오피스텔이나 빌라(다세대&다가구) 같은 대체 주택에 대해 부정적이지만 대체주택들이라고 가격이 묶여 있는 것은 아니다. 지역과 종목에 따라 차이는 있지만, 부동산은 결국 다 오른다. 빌라도 오피스텔도 다 오른다.

자본이 적은 신혼부부라면 아파트 전세를 사느니 대체 주택으로 내집 마련을 하고 자산을 굴리는 것이 낫다. 일찍 현실을 깨달아야 한다. 내 집 마련 타이밍은 쉽게 오지 않는다. 결혼 초기를 놓치면 부동산 마련에 상당히 오랜 시간이 걸린다. 최근 분양시장을 보면 2030세대는 당첨될 확률이 거의 없다. 무주택 기간이 가장 높은 점수를 차지하는데, 최소 10년 넘게 무주택 상태를 유지해야 그나마 당첨을 노려볼만하다. 때문에 40대, 50대, 60대들의 당첨 확률이 월등히 높다. 청약만 바라보다가 돈 벌 기회를 놓칠 수도 있다. 무조건 청약만 기다리지 말고 다양한 채널을 열어놓고 기회를 살펴야 한다.

'가성비'라는 말에 속지 마라

"그때 그 집을 샀더라면…"

나는 지금까지 집을 가지고 후회하는 사람을 숱하게 보았다.

집이 없는 사람은 집을 못 사서, 집을 산 사람은 더 좋은 집을 사지 못해서 후회를 한다.

후회를 줄이고 싶은 이들에게 잔소리를 보태자면 '가성비의 덫'에 빠지지 말아야 한다. 가성비는 가격 대비 만족도가 높은 것을 말한다.

그러나 이때 만족도는 굉장히 개인적일 가능성이 높다. 내게 가성비가 좋은 아파트는 내게만 가치가 있다. 남들이 좋아하지 않는 아파트는 가격이 오르지 않는다. 오로지 가성비만 가지고 물건을 고르면 2~3년 안에 후회할 일이 생긴다. 왜? 가성비를 생각해서 2급지, 3급지로 들어가게 되면 기다리는 삶을 살아야 한다.

가격이 오르는 것은 모래를 바닥에 흘려보내는 것과 같다. 중앙에 모래가 쌓이면 옆으로 흘러내린다. 모래가 가장 먼저 쌓이는 곳이 1급지이다. 1급지에 충분히 모래가 쌓여야 2급지로 흘러내리고, 다음에 3급지로 흘러내려간다. 모래는 1급지에 가장 많이 쌓이고 3급지로 갈수록 덜 쌓인다. 대세상승기에도 3급지는 항상 뭔가가 아쉽다. 그리고 그렇게 대세 상승기가 몇 번 반복되면 1급지와 3급지의 가격차는 몇 배가 되고 갈수록 더 벌어진다. 이 상황을 지켜보는 것도 고역이다. 최초에 가성비를 생각해서 2급지, 3급지를 선택했던 사람들도 결국 2~3년 뒤에는 그간 모은 돈에 다시 대출을 얻어 1급지 아파트로 이사갈 결심을 하게 된다.

성공적인 내 집 마련의 핵심 키워드는 3줄로 요약할 수 있다.

"가성비는 잊어라.
내가 만들 수 있는 최대 가용자금을 모아라.
그리고 최고로 좋은 곳을 사라"

가성비라는 말은 부자의 언어가 아니다. 하방지지일 뿐이다. 지역과 단지를 신중하게 골라서, 부채를 포함해 최대한의 자본을 가지고 가

2장 부동산 재테크 불변의 법칙

장 좋은 1급지에 들어가는 게 최선이다. 실제 이렇게 내 집 마련을 하면 절대 후회하지 않는다. 또한 앞으로 2~3번 이사를 하게 되는 상황도 막을 수 있다.

그러나 현실에서 가성비라는 단어와 멀어지려면 자본금이 많이 필요하다. 영혼까지 끌어 모은다는 심정으로 내가 감당할 수 있는 최대한의 대출을 받기 권한다. 주택 담보대출은 '아무나' '언제나' 받을 수 있는 것이 아니다. 대출을 심사할 때는 주택만 보는 게 아니라 소득도 본다. 상환 기간도 최대 30년밖에 안 된다. 왜 그럴까? 노동 가능 시간을 보는 것이다. 미래 노동 가치를 현재에 끌어오는 것이 대출이다. 노동의 황금기에 벌어들일 돈으로 현재 최고의 가치를 미리 사두면 30년 뒤에도 후회하지 않는다.

만일 경제적 이유든 환경적 이유든 가성비를 따져야 하는 상황이라면 과감하게 거주와 투자를 분리하는 것도 방법이다. 내 집 마련이라고 해서 꼭 내가 들어가 살 필요는 없다. 신혼부부는 직주근접의 소형주택에 살면서 아이가 태어나면 살 곳을 전세를 끼고 미리 사두어도 된다. 통계를 살펴보면 가족은 아이가 생긴 후 한 곳에 10년 정도 머물게 된다. 현재는 가성비 높은 집에서 살다가, 가까운 미래에 들어가 살 곳을 구매해 두는 것도 좋은 전략이다.

내 집 마련을 위해 너무 기다리지 마라

잔소리 하나를 더 덧붙이자면 내 집 마련을 할 때는 너무 기다리지는 말아야 한다. 많은 대기 수요자들은 내일 더 저렴한 물건이 나올 거라는 기대를 버리지 못한다. 시장조사를 철저히 하고 기다린다. 1년 전 가격부터 5년 전 가격까지 샅샅이 살핀다. 그리고 지금 가격보다 싼 물건이 나오기를 기다린다. 그러나 사람 욕심이 다 거기서 거기다. 급매는 불시에 소진되고 집값은 떨어지지 않는다. 오히려 저렴하게 사려고 기다리는 사이 집값은 슬금슬금 오른다.

물론 싸게 사는 것이 아주 불가능한 것은 아니다. 시장이 하락기인 매수우위에서는 먹히는 전략이다. 하지만 보통 부동산 시장은 매도우위가 많다. 누구나 비싼 가격에 살 수밖에 없다. 오늘 못 사면 내일도 사기 힘들어진다. 소득은 조금 오르는데 주택 가격은 많이 오른다. 올해보다 내년은 무조건 비싸다. 사고자 할 때 사야 한다. 그게 가장 저렴한 타이밍인 것이다.

투자와 거주를 분리하면 두 배로 쉬워진다

2015년의 일이다. 수도권에 집을 알아보던 예비부부를 만난 적이 있다. 예비부부는 사실 서울 친정집 근처에 아파트를 사려고 했다. 하지만 둘이 가진 자산과 대출을 합쳐도 금액이 미치지 못했다. 결국 수도권에 첫 집을 장만하고 몇 년간 열심히 저축해 아이가 태어날 즈음에는 친정집 근처로 이사를 하려는 계획을 세웠다. 나는 이들의 사정을 듣고 "미래에 살고 싶은 곳을 전세를 안고 장만하고, 현재 살아야 하는 집은 전세나 저렴한 월세로 살라"라고 했다. 이 예비부부는 서울 새 아파트를 전세와 대출을 활용해 구입한 후에 실거주는 월세를 살기로 했다. 잊고 있었는데 얼마 전 아이가 생겨서 미리 사둔 친정집 근처 아파트로 이사를 간다고 연락을 해왔다.

많은 사람들은 내가 살고^{live} 있는 곳을 사야 한다는^{buy} 고정관념을 가지고 있다. 미래 가치는 생각하지 않고 현재 그곳에서 살아야 하기 때문에 특정 지역의 집을 사는 경우도 흔하다. 이런 식으로 거주해야 하는 곳에 집을 사버리면 부동산에 의한 자산 증식은 물 건너가기 마련이다.

내가 살아야 하는 주택도 투자의 관점으로 접근할 필요가 있다. 최적은 입지가 좋으면서 미래 살아야 할 곳을 현재의 가치로 구입한 후에 이사를 가는 것이다. 한 장소에 10년 이상 살아야 한다면 거주는 월세나 전세자금 대출을 활용해 목돈이 들어가지 않도록 하고, 10년 뒤에도 흔들리지 않을 입지에 주택을 사두기를 권한다.

거주인가 투자인가, 분명한 목적을 세워라

모두가 알고 있듯 부동산 구매에는 '거주'와 '투자'라는 두 가지 목적이 있다. 그런데 이제 막 부동산에 눈을 뜬 투자자일수록 두 가지 목적에 대한 명확한 구분을 하지 못하는 경우가 흔하다.

2015년 지인 한 명이 마곡에 미분양 아파트를 구입했다.

현재를 기준으로 하면 마곡은 직주근접 자족도시로 인기 지역이다. 하지만 2012년 분양이 시작되고 한참동안 고전을 면치 못했다. 2015년부터 입주가 시작됐는데, 2014년 5월에서야 시행사인 SH공사의 미계약 물량(1165가구)이 겨우 해소됐다. 그만큼 홀대받은 지역이었다.

하지만 지인은 "마곡이 뜬다"라는 신념으로 분양권을 구입했고 2015년 중반 초기 입주에 성공했다. 당시 마곡은 주변이 논밭이었다. 마곡나루역 역시 그냥 지나치는 역이었다. 그러다 새 아파트에 대한 수요가 급증하고 주택 경기가 좋아지면서 마곡 지역의 아파트 가격이 급등하기 시작했다. 한동안 지인은 함박웃음을 짓고 다녔다. 하지만 지인의 웃음은 몇 해를 넘기지 못했다.

지인은 얼마 전 집을 처분하고 이사를 했다. 이사를 결심하게 된 첫 번째 이유는 가족들의 하소연이었다. 집 밖을 나가면 어디나 공사 현장이었다. 먼지 날리는 도로를 다니다보니 '장화 신고 들어와서 구두 신고 나간다'는 말이 와닿았다. 그 와중에 듣게 된 '가격 급등' 뉴스는 지인의 마음을 요동치게 했다. 처음에는 신이 났다. 그런데 그게 숫자가 커져 억 소리가 나게 되니 점점 욕심이 났다. "이제 팔고 나갈까?" 한동안 들뜨고 설레는 마음으로 지냈다. 결정적으로 지인이 결심을 굳히게 된 것은 '조정장세가 올 것'이라는 소문이었다. 지인은 번 것이라도 챙겨야 한다며 집을 팔았고 한동안 꽃길만 걷는 기분이었다. 그런데 그 마음도 오래가지는 못 했다. 이사를 나온 후에 주춤했던 가격이 다시 오르기 시작한 것이다. 분양가의 3배가 된 실거래가를 확인하고 아픈 배를 부여잡았다는 것이 가장 최근에 들은 지인의 소식이다.

투자처와 거주지의 분리 어렵지 않다

투자와 거주를 분리하라는 말은 내가 예전부터 해오던 말이다. 그런데 많은 이들이 이를 참 어려워한다. "들어가 살지 않는 집은 내 집이 아닌 것 같다"라는 심리적인 하소연부터 "투자를 하면 들어가 살 집을 구하기가 쉽지 않아요"라는 실무적인 어려움까지 이유는 많다.

그러나 부동산을 사는 목적을 잘 생각해야 한다. 수도권 내 주택이라면 어차피 오르겠지만, 돈을 벌고 싶다면 그에 맞는 결정과 행동을 해야 하기 때문이다.

일단 실거주와 투자를 같이 하게 되면 의사결정에 제약이 너무 많다. 이사 한 번에 가족들의 생활이 모두 바뀐다. 아이가 커가면서 "돈 좀 벌겠다고 이사를 가는 게 정말 옳은 선택일까?" 하는 자괴감이 들 수도 있다.

다음으로 실거주지와 투자처의 요건이 다르다. 사는 집은 생활의 편리가 갖춰진 곳이 좋다. 하지만 투자처는 현재의 편리성보다는 미래 만들어질 가치가 우선이다. 살기 좋은 곳이 투자에는 별로인 경우가 많고, 투자에 좋은 곳은 살기가 어려운 곳이 많다. 둘 다 잡으려고 하다가 하나도 만족을 못하는 수가 생긴다.

나는 지인에게도 같은 이야기를 해주었다. 황무지는 그대로 투자만 해두고, 살기 좋은 곳에서 렌트로 살았다면 혹은 황무지에 첫발을 내딛을 때 불편을 감내할 각오는 했더라면 성공의 과실을 훨씬 더 커졌을 것이다.

현실적으로 투자와 거주를 분리하기 위해서는 '들어가 사는 곳만 나의 집'이라는 고정관념을 내려놓고, 생활이 불편해도 감수해야 한다. 먼저 '당장 들어가 살 수 있는 집을 사야한다' 혹은 '내 집에 꼭 들어가 살아야 한다'는 생각만 내려놓아도 미래를 위한 준비는 훨씬 수월해진다. 그다음에 실천 계획을 짜면 된다. 이때는 불편을 감수하는 것이야말로 가장 좋은 투자이다.

살아야 하는 곳이 아니라 살고 싶은 곳을 사라

사실 남의 집을 빌려서 살고, 이사를 하는 일은 모두 불편하다. 그러나 투자는 원래 조금은 불편한 것이다. 불편을 감수하는 만큼 수익이 따라오고 이후 잘했다는 자기만족도 생긴다.

열심히 일을 하다가 고개를 들면 바뀌어 있는 세상에 놀라곤 한다. 그리고 대부분의 부동산 가격은 근로소득 이상으로 상승한다. 원하는 부동산을 현재의 가치로 선점하면 미래의 시점보다 저렴한 가격대에 구입할 가능성이 높다. 전세나 월세를 껴서 자신이 살고 싶은 곳을 구입해 놓으면 가격 등락에 연연하지 않고 자신의 일에 집중할 수 있다. 손이 닿는 곳에 명확한 목표가 있으면 살고 싶은 곳으로 가는 길이 훨씬 단축되기도 한다.

여기까지 이해가 됐다면 남은 과제는 '어디'를 살 것인가 하는 현실적인 고민을 해결하는 것이다.

살고 싶은 곳을 미리 선점하기 위해서는 큰 그림을 그릴 줄 아는 안목, 그리고 미래의 변화를 예견할 수 있는 내공이 필요하다. 앞서 강조했듯 투자의 원칙은 '싸게 사서 비싸게 파는 것'이다. 개발 초기의 아파트라면 분양을 받아서 도시가 완성될 즈음에 매매해서 수익을 현실화시키는 것이 최선이다. 이미 입지가 완성된 대도시의 경우 무조건 '주변'보다 '중심지'로 들어가야 한다. 현재는 비싸서 못 사지만 전세와 대출을 이용해 장기간 투자할 수 있는 곳을 사면된다.

"언제 돈을 벌어 저곳에 들어갈까?" 이런 막연한 걱정은 하는 게 아니다. 걱정이 태산 같아도 하루하루 열심히 살다 보면 생활은 나아지게 돼 있다. 노력은 배신하지 않기 때문에, 그걸 믿고 앞으로 나아가는 것이다. 나는 꿈은 되도록 크게 꾸라고 강조한다. 꿈을 이룬 사람은 방황하기 쉽다. 목표를 잃은 사람들의 행보는 '갈 지之'자로 휘어진다. 나의 노력으로 닿을 수 있는 곳에서 반 배 더 높은 곳이라면 가장 좋다. 투자란 그곳에 들어가기 위해 공부하고 실행하며 성과를 만들어가는 것이다.

나만의 스트라이크존을
공략하라

나는 질문도 분명하고 명확한 것을 좋아한다.

"3억 원이 있는데 뭘 해야 할까요?"

이렇게 답답한 질문이 없다. 답은 수백 가지나 된다. 그러나 투자자에게 선택지가 많은 것은 꼭 좋은 상황은 아니다. 너무 많으면 선택을 아예 못하는 수가 생긴다. 전문가들이 해주는 조언도 무용지물이 되기십상이다.

"3억 원이 있는데 용산이 좋을까요? 마포가 좋을까요? 아니면 수원시가 나을까요?"

차라리 이런 질문이 훨씬 낫다. 자신이 고민해 보았던 것에 전문가의 의견을 보태면 최악은 피하는 선택을 할 수 있다. 선택지가 3개쯤 되면 1개 내지 2개로 줄이기는 훨씬 쉽다. 답이 심플해지면 바로 실행에 옮길 수도 있다. 고민이 가치 있는 성과로 이어지려면 폭은 좁히고 깊이는 더해야 한다.

초보자일수록 아는 곳이 좋다

투자자에게 첫 과실은 큰 동력이 된다. 나는 처음일수록 성공하는 쪽으로 가야 한다고 강조한다. 수익률보다는 성공 가능성을 높이는 것이 우선이다. 큰 수익을 얻지 못할지라도 실패는 하지 말아야 한다. 첫 투자에서 실패하면 아예 투자와는 담을 쌓고 살기 쉽다.

거주지를 우선 추천한다. 임장을 가면 처음 갈 때 다르고 두 번째 갈 때 다르다. 불과 몇 시간 동안 얻을 수 있는 정보가 많아봤자 얼마나 되겠는가? 그래도 눈에 익숙해지면 다음에는 새로운 것들이 더 잘 보이게 된다. 그래서 임장도 스킬이라고 한다. 스킬이 쌓이면 새로운 곳에 가서도 필요한 정보만 탁탁 골라서 얻어낼 수 있다.

아무리 초보자라도 자신이 사는 곳은 굳이 임장을 가지 않아도 될 만큼 잘 알고 있다. 일자리, 교통, 학군, 상권, 환경 모두를 꿰고 있을 가능성이 높다. 아주 디테일한 정보를 알지는 못하더라도, 처음 가는 지역보다는 확실히 홈그라운드의 이점을 갖고 시작한다. 자신이 잘 아는 지역, 안에서 미래 가치가 있는 곳, 호재가 있는 곳을 골라서 투자를 시작하는 것이 좋다. 첫 과실의 달콤함을 느끼고 나면 투자에 자신감이 생기고 계획을 보다 현실적으로 짤 수 있게 된다.

스트라이크존을 만들어라

앞서 이야기한 것처럼 투자 상담을 받으러 오는 이들은 '가용 자금'에 초점을 맞춘다. 최고의 효과를 볼 수 있는 곳을 짚어 주기를 바란다. 그러나 경험해보면 투자자가 지역에 대한 확신이 없을 경우 실제 투자가 이루어지기는 쉽지 않다. 10~20가지의 시뮬레이션도 무용지물이다.

자신만의 스트라이크존을 만들면 볼이 됐든, 안타가 됐든 공을 칠 확률이 올라간다. 지역 이해도가 높아지면 스트라이크존도 점점 더 확실해 진다. 주택의 경우는 더욱 그렇다. 자신이 사는 곳과 거리도 있고 직장이 있는 곳도 아니고 특별한 연고도 없는 곳에 자신의 돈을 묻기가 두려울 수밖에 없다. 투자자가 미리 알아 두었던 곳이나 사는 곳을 중심으로 투자 지역을 선정하고 그곳을 중심으로 투자 물건을 고르는 편이 안전하다.

지역뿐만 아니라 종목도 고려하라

스트라이크존은 지역에만 국한되지 않는다. 종목도 중요하다. 많은 투자자들이 아파트를 선호해서 '부동산 투자' 하면 아파트를 먼저 떠올리지만 실은 투자하기 좋은 부동산엔 여러 종목이 있다. 경매부터 분양권, 소형 빌라, 다세대, 다가구, 재건축·재개발, 상가, 빌딩, 오피스텔, 도시형생활주택, 아파트형공장(지식산업센터), 땅, 수익형 호텔까지 그 종류를 셀 수 없이 많다. 한 종목 안에서도 또 세부적인 항목을 나눌 수 있다. 그 안에서 자신이 잘 알고 자신에게 잘 맞는 투자 종목을 고르는 과정이 필요하다. 상당수의 부동산 전문가들은 전문 분야를 가지고 한 종목에 투자를 반복한다. 수익을 올리는 데도 한 우물만 파는 것이 유리하다.

나 역시 처음에는 재개발로 시작해 주택 매매는 물론 경매, 상가, 분양권 등 다양한 종목을 접해봤다. 경험만큼 좋은 스승은 없다고, 경험을 해보니 내게 맞는 종목이 무엇인지도 알 수 있었다. 종목에 대한 이해와 경험이 있으면 탄탄하고 안전한 스트라이크존을 만들 수 있다. 또한 부동산은 장기 투자이기 때문에 단타로 그치는 것이 아니라 장기적 관점에서 안정적이고 꾸준한 수익을 올릴 수 있도록 접근해야 한다.

정부와 싸우지 마라!
정책을 알면 출구가 보인다

세상의 모든 거래는 보통 2~3가지의 주체가 관여한다. 첫째는 파는 주체, 둘째는 사는 주체다. 파는 주체와 사는 주체가 거래에 응하면 대부분 거래가 성사된다. 그런데 물건의 규모가 큰 경우 중개상이라는 세 번째 주체가 들어가기도 한다. 고가의 예술품이나 무기 등도 중개상이 관여하는 것처럼 말이다. 그리고 부동산은 여기에 하나의 주체가 더 붙는다. 바로 정부다. 정부는 세금과 대출로 거래를 독려하기도 하고 막기도 한다. 또한 여러 부동산 정책을 마련해서 시장을 활성화시키거나 규제하는 등 시장의 움직임을 조정하기도 한다. 따라서 부동산 거래를 할 때 우리는 정부의 눈치를 보지 않을 수 없는 상황인 것이다. 정부의 눈치를 본다는 이유로 투자에 마냥 소극적으로 임할 것인가? 그런 태도는 나에게 매우 손해다. '지피지기 백전백승'이다.

정권에 따른 주택가격 상승률과 주요 부동산 정책

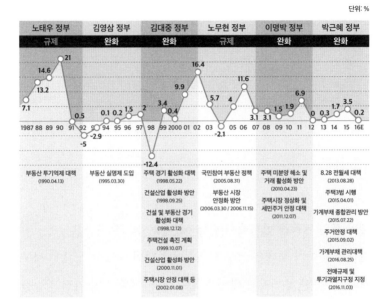

출처: 한국감정원, NH투자증권 리서치센터

규제와 부양 어느 쪽이든 정부는 움직인다

대한민국의 부동산 정책은 크게 규제와 부양으로 나뉜다.

규제는 거래 규제와 금융 규제로 수요를 누르고 재건축 규제 강화와 부동산 개발 관련 대규모 대출인 '프로젝트 파이낸싱Project Financing, PF' 대출 강화로 공급도 줄일 수 있다. 부양은 이와 반대다. 대출 규제를 줄이고, 세금도 줄인다. 신도시 개발로 공급 확대를 펴기도 한다. 역대 정부들은 규제와 부양 어느 쪽이든 정책을 펼쳐왔다. 크게 보면

단위: %, 전월 대비

출처: 한국일보 2019.11.04.기사

규제와 부양 정책을 반복해서 진행해왔다고 정리할 수 있다.

과거로 돌아가 노태우 정부부터 정리를 한번 해보자. 노태우 정부는 1990년 '부동산 투기억제 대책'을 발표했다. 이후 주택 가격 상승률이 거의 수직으로 하강했다. 1기 신도시 발표와 함께 대대적인 공급이 이어진 때문이기도 했다.

다음 김영삼 정부는 부동산 경기 회복을 위해 완화 정책을 폈다. 특히 IMF 이후 경제 회복을 진행해야했던 김대중 정부는 완화 정책에 집중했다. 규제 완화와 수요 증가는 주택 가격 상승을 불러왔다.

급격한 상승 이후인 노무현 정부의 스탠스는 달랐다. 2006년 이후 규제 중심의 정책을 펼쳤다. 그런데 이때 기이한 일이 벌어졌다. 규제 강화로 수요가 감소해 일시적 주택 가격 하락이 나타났다가 2006년 부터는 규제 강화에도 부동산 가격이 상승했다.

이명박, 박근혜 정부는 노무현 정부 이후 하락된 부동산 가격을 되

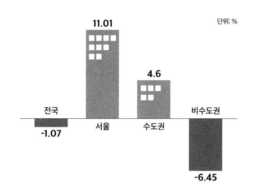

문재인 정부 출범 후 아파트 매매가격 상승률(2017년 5월~2019년 10월)

단위: %

11.01

4.6

전국

비수도권

-1.07

서울

수도권

-6.45

출처: 한국일보 2019.11.04.기사

살리기 위해 완화 정책을 펼쳤다. 특히 이명박 정부는 지방 미분양 주택 증가를 해결하기 위해 한시적으로 취등록세 50% 감면을 내걸고 양도세 부담도 획기적으로 줄였다. 그러나 이때 수도권의 수요는 감소한 반면 지방의 수요는 증가해 수도권 침체, 지방주택 회복으로 이어졌다.

국내 부동산 시장은 2014년이 되어서야 장기 침체에서 벗어났다. 박근혜 정부에서는 대출 규제도 많이 줄어 "빚내서 집 사라"라는 유행어가 돌 정도였다. 각종 부양책 덕분인지 2015년 이후 부동산의 상승 추세가 나타났다.

문재인 대통령은 후보 시절 장기 공공임대주택을 매년 13만 호 확보해 65만 호를 공급하겠다는 공약을 내걸고 신혼부부, 청년층 등 서민들에게 안정적 주거 환경을 제공할 것을 약속했다. 그러나 실제 펼

2장 부동산 재테크 불변의 법칙

쳤던 정책은 안정화를 표방한 규제 정책 일색이었다. 그러나 이 정책들 역시 모순된 결과를 낳았다.

2017년 6월부터 2019년 12월까지 정부는 19번의 부동산 시장 안정화 정책을 발표했다. 하지만 결과는 집값 안정화에 영향을 미치지 못했다. 2017년 5월부터 2019년 10월까지 서울 집값은 평균 11.01%가 상승하게 되었던 것이다.

정책이 일으킬 바람의 방향을 읽어야 한다

살펴본 바와 같이 정부는 부동산 시장에 큰 영향을 미치지만, 그렇다고 시장이 정부의 의도대로 흘러가지만은 않는다. 노무현 정부는 당시 "대통령의 말과 반대로 하면 된다"라는 비아냥을 샀고, 이명박·박근혜 정부 시절에는 "빚내서 집사라는 게 나라냐"라는 야유가 있었다. 문재인 대통령도 정책 실패에 따른 비판을 받고 있다.

그렇다면 투자자는 정부 정책에 대해 어떤 시각을 가져야 할까? 나는 최소한 비판과 비난에 매몰되어서는 안 된다고 생각한다. 스스로 정부의 의도가 어느 방향으로 가고 있고, 이것이 시장에 어떤 영향을 미칠지를 예상하고 확인하는 것이 필요하다.

가장 먼저 투자자는 부동산 정책이 일으킬 바람의 방향을 읽어야 한다. 사격, 양궁, 골프처럼 환경에 영향을 받는 운동에서 바람은 반드시 체크해야 할 요소이다. 부동산 시장에서 정부의 정책도 마찬가지다. 정부의 정책이 일으키는 바람의 방향을 읽는다면 단기간에 자본을 굴릴 수 있는 묘수가 나올 수도 있다.

덧붙여, 정부 정책의 한계도 인지해야 한다. 병을 고치는 데 예방주사가 있고 걸린 후에 맞는 항생제가 있다. 정부 정책은 항상 항생제에 가깝다. 후행적일 수밖에 없다. 정부가 선제적으로 일어날 일들을 규제하기 시작하면 거래도 침체되고 국민적 정서에도 나쁜 영향을 미칠 가능성이 커진다. 결국 정책 이후를 대응하는 전략으로 갈 수밖에 없다. 이러한 패턴을 숙지한다면 정책 이후 나타날 틈새시장도 쉽게 발견할 수 있을 것이다.

문재인 정부에서 부동산은 상당 기간 상승장을 이어갔다. 정부는 이를 억제하고자 2017년 강력한 '8.2 대책'을 내놓았다. 이후 규제지역(투기 지역, 투지과열 지구, 조정 대상 지역) 지정, 양도소득세 강화, 금융 규제 강화로 시장은 급랭기를 맞는 듯했다. 정부에서는 규제 강도를 조정 대상 지역, 투기과열지구, 투기 지역 순으로 강화해 나갔다. 조정 대상 지역만 봐도 양도소득세, 비과세를 위해 2년 이상 거주 요건이 붙었다. 재건축·재개발 정비 사업은 투기과열 지구에서 본격적으로 규제가 시작됐다. 조합원 지위 양도가 금지되므로 신규 투자자가 들어올 수 없는 상황이 되었다. 투기 지역은 양도세 가산도 붙고 대출도 제한됐다.

그런데 이러한 규제에도 시장은 다시 달아오르기 시작했다. 2019년 9월이 되자 규제가 약한 조정 대상 지역 중심으로 급등세가 나타났다. 그 사이 수도권 내 비인기 지역과 지방 부동산은 침체되었다. 대출 규제가 약한 상업용 부동산과 토지 시장에도 뭉칫돈이 몰렸다. 그러자 정부의 규제는 점점 더 촘촘해졌다.

당시 나는 유튜브를 통해 규제지역에서 양도세 비과세를 위해 채워야 하는 '2년 거주 요건을 피하는 법'을 안내했다. 1주택자가 임대 사업자를 내고 임차인을 들여서 임대 기간 등의 의무만 지키면 2년 거주 요건을 채우지 않아도 양도세와 비과세를 인정받을 수 있었다. 그러나 방송 이후 정부에서는 이 방법도 원천적으로 막아 버렸다.

당연히 돈의 흐름은 인기는 있지만 규제 강도가 약한 비규제지역으로 갈 수밖에 없었다. 서울에 집중했던 자본들은 규제가 덜한 수도권과 지방으로 이동했다. 이후 단기간 내 수원, 안양, 의왕의 집값이 대폭 올랐다. 정부는 2020년 2월 20일 이들 지역을 추가 조정 대상 지역으로 편입시켰으나 이미 집값이 오를 만큼 오른 뒤였다.

정책에 맞서기보다 분석하고 대응하라

어떤 부분에서 문제를 해결하면 또 다른 부분에서 새로운 문제가 발생한다. 규제가 강할수록 풍선 효과는 커질 수밖에 없다. 규제는 모든 변수를 미리 계산하는 수준으로 치밀하지 못하다. 그 틈을 파고들면 기회를 포착할 수 있다.

앞서 설명했듯 정부의 부동산 정책은 규제와 완화를 반복한다. 고로 현 정부가 규제를 한다고 해서 다음 정부도 그러라는 법은 없다. 정부가 원하는 가장 바람직한 부동산 시장은 큰 등락 없이 서서히 가격이 올라가는 것이다. 시장이 과열되면 열기를 식히려 하지만, 침체 신호가 감지되면 언제 그랬냐는 듯 부양책을 내놓기 마련이다.

과열 시장에서 정부는 대출을 규제해 구입을 어렵게 한다. 투기 지역 지정과 보유세와 양도세 인상도 주요 카드다. 모두 시장이 고점으로 가고 있다는 사인이다. 반대로 침체기에 빠지면 정부는 규제를 풀고 주택 구매를 장려한다. 정부는 안정화를 꾀하지만 침체는 바라지 않는다. 경기 둔화가 나타나면 건설사가 어려워지고 노동자도 어려워진다. 가격 폭락으로 시민들까지 피해를 볼 수 있다. 세금으로 먹고 사는 정부도 어려워지기는 마찬가지다. 따라서 정부가 부양책을 내놓을 때는 시장이 저점이라는 신호로 읽어도 무방하다.

정부의 정책을 분석하다 보면 현재가 투자를 시작해야 할지 관망을 해야 할지를 알 수 있다. 어디에 돈을 묻어야 할까에 대한 답도 찾을 수 있다. 여기에 가치를 꿰뚫어 볼 수 있는 통찰력과 실행에 옮길 수 있는 용기가 있다면 다음 상승장에서 좋은 성과를 확인할 수 있을 것이다.

초저금리 시대,
은행이 나를 위해 일하게 하라

1998년 IMF 외환위기 당시 나는 사회의 엄혹함을 알지 못했다. 부모님은 이전에도 가난했고 이후에도 가난했다. 변변한 직장도 없었다. 회사에서 잘려서 길거리에 나앉는 일은 벌어질 수 없었다. 어제도 하루벌이 오늘도 하루벌이였으니 그날이 그날이었다.

그런데 어떤 날은 어머니가 전에 없이 기분이 좋아 보였던 기억이 있다. 몇 개 갖고 있지도 않던 돌반지를 최고가에 판 날, 부쩍 오른 적금 금리를 보고 은행에 가시던 날이었다. 1998년 은행에서는 1년 정기예금에 20% 이자를 줬다. 3년이면 65%를 준다는 곳도 있었다. 1개월만 예치해도 연 18.5%의 금리를 줄 정도였다. 어머니의 적금도 비슷했다.

당시 자료를 찾아보면 당시 고금리로 인기를 끌던 종금사가 갑자기 문을 닫으면서 예금을 돌려받지 못하는 일도 있었다고 한다. 그래서 사람들은 불안감에 휩싸여 돈을 은행에 맡기지 않으려고 했다. 그러나 이런 사정을 알 리 없던 어머니는 신이 나서 매달 적금을 붓기 위해 은행에 갔다. 불과 20여 년 전 일이다. 2020년 4월 원고를 쓰고 있는 오늘 한국은행이 발표한 금리는 0.75%이다. 그 사이 세상은 참 많이도 변했다.

아직도 은행이 어렵기만 한 당신에게

고금리 시절 은행에 가는 것은 참 곤욕스러운 일이었다. 불과 몇 년 전만 해도 그랬다. 대출상담사에게 전화해 대출 상담을 받을 때도 어쩔 줄 몰라라하는 이들이 많이 있었다. 빚을 져야 하는 이는 심리적으로 '을'이 될 수밖에 없다. 금리가 점차 낮아지고, 이윤 추구를 위해 은행에서도 경쟁을 해야 하는 상황이 벌어지자 은행의 높은 문턱은 점차 낮아졌다. 2020년 3월 코로나 19로 전국은 물론 전 세계가 얼어붙은 지금 한국은행은 기준 금리를 0.75%로 전격 인하했다. 미국이 1% 인하를 결정하고 하루 만에 0.5%를 인하했다. 그나마도 자본이 빠져나가는 것을 예방하기 위해 미국의 0.00~0.25%보다는 0.5% 정도 높게 책정한 것이었다.

사실 0%대 저금리 기조는 한참 전부터 예견된 것이었다. 코로나 사태가 이를 좀 더 앞당겼을 뿐이다. 세계 경제가 저성장의 늪에 빠지면서 돈을 쓸 곳도 마땅치 않아졌다. 그러나 투자자들에게는 저금리가 희소식이 아닐 수 없다. 바야흐로 은행을 활용해 수익을 올릴 수 있는 적기가 찾아왔다.

"돈을 은행에 맡기는 것은 바보짓이다."

투자 전문가들이 하나 같이 하는 말이다. 이제 1억 원을 1년 동안 은행에 맡겨도 25만 원의 이자밖에 받지 못한다. 그나마도 세금을 떼고 나면 20만 원 남짓이다. 물가상승률을 생각하면 은행이 내 돈을 좀먹고 있다고 해도 과언이 아니다.

은행이 도와주면 시간을 줄일 수 있다

"과감하게 빚을 내라."

정말 그럴 때이다. 2018년에 발표한 통계만 보아도 근로자의 평균 급여 인상률보다 아파트 매매가격 변동률이 큰 것을 알 수 있다. 당시 중간소득 가구(4,977만 원)가 전국의 중간 정도 평균 주택(2억 7,609만 원)을 사려면 5.5년이 걸렸다. 서울은 이보다 더 길어 13.4년이 걸린다. 중위소득이 5,055만 원인데 주택 가격은 6억 7,570만 원이다.

과거의 데이터만 보아도 시간이 흐를수록 주택을 장만하기 위해 소득을 모아야 하는 기간이 길어지는 것을 확인할 수 있다. 현실에서 은행은 두 가지 얼굴을 하고 있다. 맡겨 놓은 돈을 좀먹는 '적'의 얼굴이 있는가 하면, 집을 사는 시간을 줄여주는 '친구'의 얼굴도 있다. 나는 적으로서의 은행은 멀리하되 친구로서의 은행은 가까이 하라고 조언한다.

내가 홀로 집을 장만하는 것과 은행의 도움으로 집을 장만하는 것

최근 3년간 서울 급여 인상률과 아파트 매매가 변동률

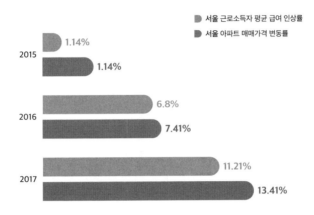

■ 서울 근로소득자 평균 급여 인상률
■ 서울 아파트 매매가격 변동률

2015
1.14%
1.14%

2016
6.8%
7.41%

2017
11.21%
13.41%

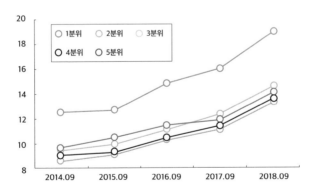

출처: KB부동산 리브온

2장 부동산 재테크 불변의 법칙

은 큰 차이가 난다. 은행에서 돈을 빌려 은행을 친구로 두는 동안 집 값은 올라가고 돈의 가치는 떨어진다. 나의 집은 가치가 올라가고, 내가 갚아야 하는 돈은 점점 줄어드니 아무리 생각해도 1석 2조이다.

은행과의 동업은 투자에서도 큰 빛을 발한다. 저금리 시대에는 적절한 투자처를 늘려 빚을 많이 내면 낼수록 수익률이 높아진다. 10억 원대의 아파트가 있는데 1년 사이 12억 원으로 올랐다. 내 돈 10억 원을 다 들이면 수익률은 20%이다. 그런데 내 돈을 5억 원만 들이고 7억 원은 대출을 받았다고 가정해보자. 이율은 보수적으로 잡아 4%라고 한다면 이자는 2,800만 원이다. 5억 원을 들여서 1억 7,200만 원을 번 것이다. 수익률은 34%까지 올라간다. 물론 현재는 규제로 아파트 등의 주택의 경우 대출을 활용하는 것이 제한적이다. 하지만 상업용 부동산의 경우 80%까지 혹은 그 이상도 대출이 가능하다.

은행과의 동업은 어렵게 생각할 필요가 없다. 산수 게임이다. 2%대 이자를 주고 나면 나머지는 나의 수익이 된다. 내 말이 믿기지 않는다면 직접 계산기를 두드려 보기 바란다.

대출도 기술이다

얼마 동안 얼마만큼의 대출을 받는 것이 가능할까? 경우마다 다르다. 소득, 구매하고자 하는 물건의 종류, 구매 지역, 주택 수 등 고려해야 할 것들이 상당하다. 주택의 경우 규제로 인해 지역마다 다르고 가격에 따라 다르지만 통상 매매가의 40~70% 대출이 가능하다.

대출에도 여러 종류가 있는데, 최선책은 담보대출이다. 신용대출은 차선책이다. 부동산 장기투자를 고려하는 경우라면 카드대출, 대부 업체는 생각하지 않는 편이 낫다. 시간에 투자하는 것인데 반대로 시간에 쫓겨 잘못된 선택을 하게 될 수도 있다.

자기 집을 처음 장만하거나 투자를 이제 시작하는 수준이라면 무리하지 않는 선에서 대출받는 것을 권한다. 경험이 쌓일수록 상황과 소득에 맞게 대출을 늘리는 것도 자산 증식의 방법이다.

대출을 받을 때는 상환 방식도 고려해야 한다. 원금과 이자의 조합에 따라 방식이 달라진다. 대출 규제가 강화돼 주택의 경우 처음부터 원금과 이자를 같이 갚는 형태가 강제화되었다. 원금균등상환의 경우 갚아야 하는 원금이 정해져 갈수록 이자가 줄어든다. 초기 부담은 크지만 만기 때 이자를 덜 낼 수 있다. 원리금균등상환은 만기까지 균일하게 같은 금액을 내는 구조다. 안정적인 자금 계획을 짤 수 있다. 거치형은 이자만 내다가 만기에 원금을 갚는 방법이다. 소요 비용을 최소화해서 이자 비용만으로 부동산을 소유할 수 있다. 공격적인 성향의 투자자가 선택하는 방식이다.

이자의 계산법은 은행마다 제각각이다. 일반적으로 주거래은행이 우대금리가 가장 좋다. 대출 시에는 조기상환 수수료도 따져봐야 한다. 미리 갚을 여력이 있는데 수수료를 물어야 한다면 아까운 지출이 생긴다. 미리 계산해서 대출 조건을 조절해야 한다.

나는 마이너스통장도 잘 활용하는 편이다. 조기상환 수수료 없이 원하는 금액만큼 기간의 구애 없이 사용할 수 있다. 하지만 담보대출보다 금리가 높아 장기간 사용하기에는 부적절할 수 있다.

간단히 대출의 고려 사항들을 살펴보았는데, 직접 대출을 진행하다 보면 필요한 서류와 절차를 세세하게 확인할 수 있을 것이다. 말은 그 럴싸하게 대출의 기술이라고 했지만, 어려울 것은 없다. 자신에게 맞는 것을 골라서 감당 가능한 수준에서 실행하면 된다. '대출은 나쁜 것'이 라는 잘못된 고정관념만 내려놓는다면 부동산 거래의 좋은 동반자가 되어줄 것이다.

물결이 퍼지는
방향과 속도를 파악하라

부동산 전문가들은 집값이 오를 곳을 어떻게 예측할까? 전문가들을 100% 신뢰할 수 없지만, 일반인보다 흐름을 잘 읽어내는 것은 틀림없다. 아파트 하나를 콕 짚어 사라 마라 하는 것은 문제가 있지만, 전문가들이 제시하는 데이터는 눈여겨볼 만하다. 방향과 속도를 예측하는 데 중요한 재료가 되기 때문이다.

'과거의 통계'가 의미 있는 것은 역사가 반복되듯 부동산의 흐름도 반복해 나타나기 때문이다. 상승-정체-하락-반등의 사이클은 경기뿐만 아니라 부동산에도 그대로 적용된다.

호재가 나타나 주가가 상승하면 투자자의 관심이 연관성이 있는 다른 종목에도 미쳐 전체 주가가 상승하듯, 부동산 시장도 순환 매수와 키 맞추기 등으로 전체가 뜨거워진다. 상승기로 갈수록 부동산 가격은 중심에서 외곽으로 물결을 치듯 상승하는데, 물결의 방향과 속도를 알면 다음 상승이 시작될 장소와 시기를 예견할 수 있다.

3,000만 원만 있어도 압구정에 가라

반등기는 투자의 적기다. 그러나 간이 작은 투자자들은 떨어지는 칼날을 잡게 될까, 쉽게 결정을 못한다. 보통 큰손들이 움직여야 따라 움직인다. 큰손들은 그야말로 큰손이다. 가장 핵심지 노른자위에 있는 물건을 사들인다. 이렇게 처음 돌이 던져지면 물결이 퍼지듯 외곽으로 상승세가 퍼져나간다. 물론 처음 돌이 던져진 곳은 퐁당하고 물결이 크게 뛰어오르지만 이후로는 파고가 작아지고 잔잔한 흐름으로 이어진다. 그러나 그 영향력은 쉽게 멈추지 않는다. 물결이 번지면 반경이 커지듯이 전 지역에 상승장이 이어지게 된다.

우리나라에서 부동산 상승장의 바로미터로 불리는 곳은 압구정이다. 2019년에도 마찬가지였다. 통계를 살펴보면 전체 상승장의 시작은 8월부터였다. 압구정에서 상승 거래가 이루어지고 이후 강남 3구로 물결이 퍼져나갔으며 다음이 마용성이었다. 이후 강북의 우수 입지가 오르기 시작했고 경기도에도 파고가 미쳤다.

나는 "3,000만 원만 있어도 압구정엘 가라"라는 말을 자주한다. 투자금이 적을수록 때를 잘 타야하고 위치를 잘 골라야 하는 것이다. 물결이 오는 것을 기다리기만 해서는 곤란하다. 중앙에 안테나를 세워야 한다. 언제 상승장이 시작되는지 알아야 나의 투자 시점도 가늠해볼 수 있다.

갭 메우기, 키 맞추기 그리고 순환 매수

현장에 가면 흔히 듣는 말이 '갭 메우기, 키 맞추기, 순환 매수'이다. 도미노처럼 가격 변화가 번져가는 것을 말한다. 이러한 현상이 나타나는 이유는 투자자들이 덜 오른 곳을 찾아내 부동산을 구입하기 때문이다.

지하철역을 중심으로 A, B, C 아파트가 있다고 하자. 상승장에서는 A가 먼저 오른다. 그럼 그 옆에 B 아파트가 갑자기 저렴해 보인다. 투자자들은 B에 몰린다. 다음에는 C가 저렴해 보이고 가격이 오른다. 이런 식으로 상승세가 옆 아파트로 번져 나간다. A와 B의 격차를 좁혀가는 것이 갭 메우기다. 키 맞추기도 얼추 비슷하다. A가 가격이 올라 갑자기 커지면 B, C도 키를 맞추기 위해 가격이 올라간다. 이어서 부동산 전체적으로 가격이 오르는 순환 매수가 이어진다.

부동산의 간단한 용어들은 현실에서 그대로 실현된다. 내가 사무실을 두고 있는 지역인 마포 공덕동만 해도 그렇다. 몇 년간 이곳에서 나는 메우기, 키 맞추기, 순환 매수를 실제로 목격했다. 강남의 집값이 오르면 마포의 중심인 공덕동이 오르기 시작한다. 주도는 공덕 역세권이 한다. 다음에는 물결이 대흥동으로 갔다가 상수역으로 퍼진다. 내가 관측한 바로는 3개월 정도 시차가 있다. 다음은 상암동이다. 이후에는 도화동이나 오래된 구축까지 가격이 순차적으로 오른다. 역시 시차가 3개월 정도 발생한다. 한 번 돌이 던져지면 흐름은 잘 멈추지 않는다. 상승기가 시작됐다는 판단이 들어 2차, 3차 지역을 사두면 사자마자 곧 가격 상승을 경험할 수 있다. 이미 오른 것을 눈으로 보고 들어가기 때문에 안전하고 순차적 이동이 나타난 과거 데이터가 있으므로 확실한 투자가 된다.

상투 잡지 말고 기다려라! 기회는 온다

앞서 누차 강조했지만 투자에서 가장 안 좋은 것은 조급함이다.

"대한민국 부동산 다 올랐는데 내가 산 것만 안 올라요."

수없이 들어온 말이다. 나 역시 초보 시절에는 같은 생각을 했다. TV만 틀면 강남 어디가 몇 억 원이 올랐다, 역세권 어디가 올랐다 뉴스들이 쏟아진다. 그런데 정작 부동산에 전화를 해보면 "여긴 아직 열기가 없네요"라는 말뿐이다. 당장 팔고 오르는 곳을 사고 싶은 마음이 동한다.

사실 이때를 잘 넘겨야 한다. 아직 상승 물결이 번져 오지 않았다고 생각하고 진득하게 기다려야 한다.

서울과 수도권을 놓고 보자면 불이 번지는 방향은 중심지-부심지-외곽지이다. 2000년대 초중반 강남 가격이 가장 먼저 상승했다. 주변과 가격 차이가 벌어지자 부심지가 상승했는데, 2007~2008년에는 그간 저평가 되었던 강북 3구(노원구, 도봉구, 강북구)의 가격도 급등했다. 2016년 10월 즈음에는 상승세가 수도권 전역으로 확산되었다.

상승세가 시작되었다면 내 물건만 안 오를 수는 없다. 특히 서울은 강남이 오르면 저기 산꼭대기 쪽방도 가격이 오른다. 시간이 걸릴 뿐이다. 그걸 기다리지 못하고 다른 데로 옮기면 그것이야말로 상투를

잡는 꼴이 된다. 후에 내가 가졌던 물건이 오르는 것을 손 놓고 지켜
볼 때도 있다.

투자를 했으면 이후부터는 믿음과 인내의 시간이다. 이러저러한 소
식에 마음이 흔들리는 약심장이라면 그냥 잊어버리고 기다리는 것이
최선이다. 파도가 일으킨 물결이든 순환과 확산이 만든 불길이든 내
물건만 피해 가는 일은 없다.

2장 부동산 재테크 불변의 법칙

불황에도 반드시
오르는 부동산은 있다

투자는 지식이 아니라 믿음이 있어야 한다고들 한다. 부동산이 오를 것이라는 막연한 기대만으로는 투자를 해선 안 된다. 내가 투자한 부동산이 오를 것이라는 확신이 있어야 한다. 그러나 현실에서 이러한 믿음은 수시로 흔들린다. 침체기에 떨어져 나가는 투자자가 한 둘이 아니다.

부동산 투자의 메커니즘은 '인플레이션에 따른 우상향 가격 상승'을 활용하는 것이다. 하지만 부동산 가격이 항상 오르는 건 아니다. 부동산 가격에 영향을 미치는 것도 한두 가지가 아니다. 악재, 호재가 반복해서 나타나고 때마다 가격은 영향을 받는다. 하락과 상승의 반복이 일어나 하락보다 상승 폭이 큰 대세 상승이 나타난다. 하락장을 견디기 위해서는 경기가 순환하는 원리를 이해해야 하는 것이 필수다. 신앙인들이 믿음을 지키기 위해 끝없이 수련을 하듯, 투자자도 자신의 자산을 지키기 위해 공부를 계속해야 한다.

불황기에도 투자자는 놀지 않는다. 상승장에 두 배의 과실이 열린 씨앗을 뿌린다. 또한 평소 내공을 쌓아 두었다면 가뭄에도 열매를 수확할 수 있는 실력이 생긴다.

시장과 함께 가라, 시기에 맞는 투자를 하라

부동산 시장을 세분화하면 '침체기-회복기-호황기-급등기-하락기' 5구간으로 나눌 수 있다. 시장의 상황을 파악하고 함께 가야 한다. 교과서적으로 풀자면 부동산은 불황에는 안정적 수익을, 호황에는 시세차익을 노리는 물건을 고르는 것이 기본이다. 세부적으로는 시기 분석을 잘 할수록 지역과 종목을 좁혀서 접근할 수 있다.

침체기는 불황의 시기다. 부동산 자체의 불황도 있고 경기가 좋지 않아 부동산도 덩달아 침체기를 겪는 때가 있다. 이때 투자자들은 차익 실현보다는 수익형 투자를 선호한다. 다달이 월세가 들어오는 소형 빌라나 오피스텔, 상가는 불황기에 단비와 같은 수익을 준다.

회복기에는 침체기 끝에서 시작된다. 상승 여력이 여기저기서 감지된다. 이때는 전세를 활용한 갭투자나 부동산 투자를 하는 투자자들이 늘기 시작한다. 기간 대비 상승률이 높아 수익률도 상승한다. 침체기에 투자를 해두었다면 더 좋았을 것이다. 그러나 눈에 상승세가 보지 않는 중에 선뜻 투자에 나서기는 쉽지 않다. 회복기에 들어가는 것이 맘고생도 덜하고 기간 대비 수익률도 높이는 방법이다.

호황기는 투자자들이 본격적으로 몰려드는 시기이다. 너도 나도 '노른자위'를 차지하려고 한다. 입지가 좋은 지역 위주로 상승세가 두드러진다. 불황기에 노른자위가 더 떨어지는 것이 부각되듯이, 호황기에는 노른자위가 더 오르는 것으로 비친다. 중심지는 기본 가격이 높기 때문에 수익률 면에서 높다고 보기는 어렵다.

호황기 이후에는 급등기가 찾아온다. 이때는 대체적으로 규제가 중심에 영향을 주고 갭 메우기도 병행되면서 불씨가 중심에서 외곽으로 번져나간다. 외곽 지역을 사두면 갭 메우기나 키 맞추기로 상승장을 경험할 수 있다. 그러나 중심에서 부심, 외곽까지 오는 동안 이미 물살의 강도는 많이 약해진다. 슬슬 다음 하락장을 준비해야 하는 때이기도 하다.

믿음이 없다면 상승 시그널을 확인하라

가끔 전문가들조차 현재 부동산 시장이 상승장인지 추격 매수장인지 구분하지 못할 때가 있다. 이럴 경우 투자자들은 전문가에 의지하지 말고 통계로 돌아가야 한다. 미분양, 공급 물량, 전세 수급 지수, 매수 우위 지수, 매매거래량 등은 일반인도 쉽게 확인할 수 있는 것들이다. 통계 수치를 해독할 수 있는 안목이 있다면 시장의 상태도 직접 확인할 수 있다.

일반적으로 보통 공급 부족, 전세가 상승, 매수 우위 지수 상승, 거래량 증가 등을 가격 상승의 사인이다. 반대로 공급 증가, 매수 우위

지수 하락, 거래량 감소는 가격 상승을 저해하는 요인이다.

세부적으로 공급량은 보통 3년을 기준으로 한다. 3년 연속 누적 공급이 부족해야 시장은 공급 부족으로 인식한다. 공급 부족은 전세 부족으로 이어져 전세 수급 지수를 상승시킨다. 실제 현장에서 전세가격이 오르는 것은 좋은 사인이다. 전세 물량이 부족하면 구매로 돌아서는 수요자들이 생긴다. 물건은 적고 살 사람은 많으면 매도자가 우위에 설 수밖에 없다. 그 상황에서 매매가 늘어나면 자연스럽게 가격은 상승한다.

시장은 생각보다 매우 복잡한 요인으로 움직인다. 작용이 있으면 반작용도 있다. 통계는 한두 가지만 보지 말고 종합적으로 봐야 한다. 특정 지역의 전세가 상승 두드러진다면 오랜 공급 부족 때문인지, 단기 개발에 의한 멸실 주택 때문인지, 대형마트 오픈 같은 주거 환경 개선 때문인지 구체적인 원인을 확인하는 것도 필요하다.

불황에도 오르는 부동산은 있다

부동산에 무지한 일반인이라도 '거래 절벽', '집값 하락세'라는 말이 나오면 불황기로 인식하게 된다. 이때는 너도 나도 집 사기를 꺼린다. 현금 수익을 얻는 수익형 부동산에 돈이 몰리지만 이때도 무턱대로 사서는 곤란하다. 불황일수록 뜰 곳을 사야 한다. 첫째도 입지, 둘째도 입지, 셋째도 입지다. 주택 대체품인 도시형 생활주택이나 오피스텔이라면 고소득을 올릴 수 있는 이들의 직장과 가깝고, 이들이 지하철역을 손쉽게 이용할 수 있는 곳의 물건이 최상이다. 입지가 좋은 곳은 자산 가치도 떨어지지 않는다. 상가나 건물, 지식산업센터 등 상업용 물건도 수요가 많은 곳 혹은 미래 수요가 몰릴 수 있는 곳이어야 한다.

개인적으로는 불황기에도 소형 주택을 주목해서 보는 편이다. 항간에서는 "오피스텔 사면 망한다", "소형 빌라는 투자하지 마라"라는 이야기도 있지만 안 해본 사람들은 알 턱이 없다. 입지가 좋은 곳의 소형 부동산은 수익률이 높다. 아파트는 보통 연 수익 3%를 내지 못하지만, 소액으로 들어가는 소형 주택들은 5~6%를 구가한다. 높은 월세 수익률은 가격도 밀어 올린다. 현재 포트폴리오에 서울의 소형 주택이 포함되어 있는 소유자로 계산기를 두드려 보면 보통 해마다 500만~1,000만 원씩은 상승한 것으로 보인다. 전세나 월세 계약 만기를 몇번만 보내면 투자금도 전액 회수할 수 있다. 해보지도 않은 사람들의 부정적인 시선이나 하지 말라는 말에 휘둘릴 필요가 없다.

아파트만이 답은 아니다, 목표에 맞는 종목을 고르라

이제 도심에서는 하늘이 잘 보이지 않는다. 높이 솟은 아파트들이 하늘을 가리고 있다. 우리나라 주택 중 아파트가 차지하는 비중은 50%를 넘는다. 단독주택이 30%대, 연립과 다세대가 10% 초반이다. 이러니 다들 아파트만 있는 줄 알고 아파트만 쳐다본다.

현장에서 느끼는 수익형 부동산에 대한 투자자들의 관심은 주택에도 못 미친다. 들어본 적이 없다는 이유로 겁부터 낸다. 덕분에 오피스텔과 상가, 지식산업센터의 경우 투자자만 찾는 그들만의 리그가 되기도 한다. 분명히 수익이 나는데 투자할 사람들이 적다.

김연아 선수는 모두가 발레를 할 때 피겨를 선택해서 세계 정상에 올랐다. 또한 서점에 가보면 '오피스텔', '지식산업센터', '상가'로 수백억 원대 자산가 반열에 오른 투자자들의 이야기도 존재한다.

남들이 모두 쳐다보고 있는 주택 시장, 그중에서도 아파트에만 나의 관심이 매몰되는 것은 아닌지 점검해 보아야 한다. 부동산 시장에도 '블루오션'이 존재한다. 운동을 좋아하는 사람이 야구도 해보고 배구도 해보고 수영도 해보고 양궁도 해보면서 자신에게 맞는 종목을 찾듯이, 다양한 상품들을 알아보고 비교분석하면서 자신만의 블루오션 찾기를 권한다.

수익성인가 안정성인가?

부동산 투자의 목표를 무엇으로 삼고 있는가? 사람들은 대부분 안정성도 높고 수익성도 높은 것을 이야기한다. 이왕이면 다홍치마겠지만 세상에 그렇게 다 갖춘 물건이 내 손에 들어오기는 쉽지 않다. 타율을 높이기 위해서는 나만의 스트라이크존을 좁혀야 한다.

안정성은 주택 시장이 높다. 집 없이 사는 사람은 없다. 항상 대기 수요가 있다고 봐도 무방하다. 상승기를 잘 만나면 시세차익이 상당하다. 그러나 요즘과 같은 시기에 주택은 대출이 잘 나오지 않는다. 또한 주택가가 상승해 목표한 시세차익을 이룰 때까지는 견뎌야 한다. 공격적인 투자자의 경우 투자 물건에 자본을 다 넣고 자신은 월세를 살기도 한다. 신용대출을 받는 경우는 오래 끌고 가지 못해 중도에 포기해 버리는 경우도 생긴다.

수익성은 상업용 시설이 높다. 상가, 건물, 지식산업센터까지 다양하다. 상업용 시설은 대출이 잘 나온다는 장점이 있다. 최고 90%까지도 가능하다. 1억 원만 있어도 10억 원짜리 건물을 살 수 있다. 대출을 이용하면 수익률이 올라간다. 그뿐만 아니다. 지가가 오르면 결국 건물의 가격도 함께 오른다. 같은 10%라도 1억 원과 100억 원의 차익금 차이는 100배다. 그러나 수익률에 눈이 멀면 공실에 대한 위험을 놓치기 쉽다. 다만 계약 중간이나 계약기간 만료 이후에 공실이 나면 수개월 마이너스가 난다. 하지만 이러한 비안전성에 대한 스트레스를 감당할 수 있다면 다달이 자산이 만들어주는 월급이 통장에 꽂히게 된다. 이럴 경우 임차 구성이 맞춰진 상가나 빌딩 투자를 통해 안전성을 보완해야 한다.

우선은 지향하는 것이 안정성인지 수익성인지를 가늠해야 한다. 선택의 폭을 줄이는 게 최선이다.

나는 어디에 적합한 상황인가?

목표를 먼저 세우든 상황을 먼저 점검하든 상관은 없다. 그러나 두 가지를 모두 마쳐야 실전에 들어갈 수 있다. 여기까지는 계획을 위한 작업일 뿐이다. 그럼에도 설계도가 잘 그려진 집이 실물도 잘 나오듯이 계획을 잘 짠 투자가 실전에서도 추진력을 발휘한다.

연령, 현재 자산, 앞으로의 수입 규모, 가용할 수 있는 자원, 대출 가능 범위 등을 적어보라. 꼭 써보고 직접 정리해보는 것을 권한다. 써보는 것은 머리로 생각하는 것과 다르다. 써봐야 현실감이 생긴다.

나는 나이가 지긋하신 분들에게는 안정적 수익이 나오는 상가 추천도 망설이지 않는다. 조금 낡아도 괜찮다. 월세만 잘 들어오는 상황이면 70대 이상 고령의 투자자에게는 안성맞춤이다. 건물이 낡으면 이런 저런 보수를 하거나 낡은 건물을 부수고 새 건물을 짓는 문제가 생길 수 있다. 그러나 사실 이 정도 일은 자녀들의 일이 되기 쉽다. 살아생 전에는 월세를 꼬박꼬박 받고 나머지 일들은 후손들에게 넘기면 그만 이다.

투자금이 적다면 월세 잘 받는 지역의 소형 주택을 추천한다. 산업 단지인 구로와 가산 인근 주택들은 월세가 잘 나오고 공실도 적다. 그 러나 가격 상승폭은 적다. 공업지대 인근이라 주거 쾌적성이 떨어진다. 신혼부부 이상의 연령이 들어오지 못한다. 그러나 월세 수익률 면에서 는 우수하다.

물건과 상황은 때마다 다르다. 우선적으로 자신의 상황과 원하는 종목을 일치시키는 것이 중요하다.

세상에 못난 투자는 없다

대한민국 부동산에서 다세대주택은 홀대 받는 종목이었다. 하지만 잘 하면 되는데, 그것도 아주 잘 된다. 내가 잘 팔 자신이 있는 곳에 들어가면 결국 수익은 난다. 어차피 서울의 땅값은 다 오른다. 호재도 똑같이 작용된다. 아파트만 오르고 다세대주택은 멈춰 있는 게 아니 다. 빌라도 오피스텔도 마찬가지다. 아파트가 아니라고 천대 받는 물 건 중에서도 충분히 수익을 거둘 수 있다. 다만 투자 메커니즘이 아파 트와는 다르다. 소형 주택 투자는 수요가 밀집된 지역의 가파른 전세

곡선을 활용해야 하는데 여기에 키는 위치와 준공 연도이다.

실제 서울의 지하철역 인근이라도 구축 다세대 주택들은 전세가가 낮고 공실까지 발생한다. 그러나 신축들은 전세가가 매매가에 근접한다. 현재 가치는 신축이 확실히 높다. 매매가는 큰 차이가 안 나기도 하는데 전세가는 확실히 차이가 난다. 여기서 현재 거주가치와 매매가의 괴리가 왜 일어나는지 생각을 해봐야 한다. 신축 소형 대체 주택은 적은 돈을 가지고 투자해서 전세가 계약을 두 번만 하면 투자금을 회수하고도 남는다. 투자금 회수가 잘 되는 곳은 매매가도 빠르게 올라간다. 당연한 얘기지만, 역세권 신축들은 언제나 인기가 높다.

나무만 보지 말고 숲도 좀 보자. 돌아보면 저평가된 상가나 건물도 많다. 안 찾아봐서 모르는 것이다. 가치를 선점할 수 있는 지역을 고르면 투자 가치는 충분하다. 세상에 못난 투자는 없다. 내가 모르고 안 해봤을 뿐이다. 가치를 예상하고 과실이 열릴 때까지 기다리지 못하는 어리석은 투자자만 있을 뿐이다.

매도의 기술,
후회하지 않을 방법을 고민하라

투자의 완성은 매도이다. 실거래가도 호가도 사실 의미가 없다. 팔아야 내 손에 돈이 들어온다. 수익형 부동산으로 오랫동안 일정 수익을 가져갈 수도 있지만 그것은 엄밀히 말해 내 돈이 물려 있기 때문에 나오는 것이다. 은행 이자와 다를 바 없다. 부동산 투자의 완성은 매도라고 할 수 있다.

사실 대부분의 전문가와 책들 그리고 나 또한 '사는 것'에 집중하는 이야기를 많이 한다. 사는 데 두려움이 많기 때문이다. 그런데 갖은 고민과 어려움을 겪고 매수에 성공했다고 끝이 아니다. 의외로 파는 것은 속전속결인 경우가 많다. 솔직히 말해 초보자일수록 진득하게 기다리지 못한다. 세금 이상으로 올랐다는 소식을 들으면 언제 팔아야 되는지만 물어보며 팔 생각만 한다.

여기 하나의 과일이 있다. 당신은 그 과일에 대해 잘 모른다. 그런데

향이 매우 좋다. 마침 배도 고프다. 당장 먹고 싶다. 하지만 좀 더 알아보는 것이 좋을 것이다. 먹어도 되는 과일인지, 익은 과일의 색은 초록색인지 빨간 색인지 알아야 탈 없이 먹을 수 있기 때문이다.

부동산 매도는 우리가 모르는 과일을 먹는 것과 같다. 사는 것만큼 신중해야 한다. 아무리 보잘 것 없는 것도 남에게 주면 후회가 된다. 부동산은 더하다. 매도의 기술을 익히지 않으면 후회가 산처럼 밀려올 테니 말이다.

집은 파는 것이 아니라는 말씀

"집은 파는 게 아니다."

어머니가 부동산 중개업을 시작하고 어머니에게 처음 들은 말이다. 어릴 때 들은 말이라 그때는 무슨 말인지 이해를 못했다.

불과 얼마 전 일이다. 빌딩 구매를 위해 자금을 마련하는 중이었다. 몇 억 원이 비었다. 돈을 마련하기 위해 이리 저리 머리를 굴렸다. 입주를 6개월 앞둔 아파트의 분양권을 팔기로 했다. 아쉬운 소리를 하지 않고 돈을 마련할 수 있는 가장 쉬운 방법이었다. 나는 분양권을 처분하고 빌딩을 구입했다.

후회는 바로 찾아왔다. 아파트 입주가 시작되고 1년이 조금 지나고 보니 새 아파트 가격이 3억 원이 올라 있었다. 물론 빌딩은 10억 원 이상 올라서 "내가 산 것이 더 올랐으니 괜찮다"라고 생각을 할 수도 있지만 나도 사람인지라 정말 아까웠다. 아는 사람에게 아쉬운 소리를 해서라도 분양권을 지켰어야 했다는 생각에 아직도 후회가 된다.

부동산 투자자 중에는 "일정 수익이 나면 가차 없이 판다"라는 지론을 가진 분도 있다. 과유불급을 지키기 위해 욕심을 내지 않고 마무리한다는 지론이다. 그런데 그분들의 투자 사례를 들어보면 지방인 경우가 많다. 부동산 등락이 심하고 새로운 물량 공급도 많은 곳이다. 투자금이 적게 들어가지만 제때 팔지 못하면 손해를 보게되는 경우가 많다. 나는 이러한 투자 방식은 서울과 수도권에는 맞지 않다고 생각한다.

나보다 한참 앞서 결혼을 한 선배는 올해 결혼 15년 차인데 서울과 수도권에서만 4번 집을 사고 3번 팔았다. 첫 집은 딱 한 번 보고 들어가 살았다. 저층에 해가 들지 않아 결혼 2년 뒤 첫째가 태어나자마자 뒤도 안 돌아보고 나왔다. 두 번째 집은 경기도의 집인데 산 아래 있어 조용하고 살기 좋았다. 그러나 10년이 지나도 가격이 오르지 않았다. 아이들 학교와 가까운 곳으로 이사를 갔다. 세 번째 집은 분양 받은 새 집이었다. 가격이 많이 올라 팔고 나왔다. 네 번째는 현재 살고 있는 집이다. 가격 변동은 딱히 없다.

선배에게는 주말마다 하는 취미 생활이 있다. 부동산 앱을 열어 과거에 거주했던 집의 실거래가를 확인하는 일이다. 첫째 집은 인근에 9호선이 뚫려 3배가 뛰었다. 두 번째 집은 상승 폭이 미비했으나 오르긴 올랐다. 세 번째 집은 팔고 나서 분양가만큼 올랐고 여전히 오르는 중이다. 선배는 쓰린 속을 부여잡고 "그때 그 집을 안 팔고 이 집을 대출로 샀으면 어땠을까?"를 습관적으로 상상해본다.

실거주자도 투자자도 똑같다. 항상 '매도'는 '후회'를 부른다. "그 물건을 팔지 않았더라면…"이란 생각이 수없이 찾아온다. 주먹도 쥐고 있는 것을 펴야 새로운 것을 잡을 수 있다고 한다. 그러나 부동산에서는 어떻게 해서든 주먹을 하나 더 만들어내는 것이 좋다. 내가 지금껏 경험을 통해 얻은 결론은 두 가지이다. 첫째, 되도록 팔지 말 것이며 둘째, 꼭 팔아야 한다면 그 이유가 절대적일 것.

버티고 버텨야 하는 물건은 사는 게 아니다

매도를 잘 하기 위해서는 먼저 잘 사야 한다. 뻔한 소리지만 사실 이만한 조언이 없다.

잘 산다는 것은 원칙적으로 장기간 가져갈 수 있는 물건을 사는 것이다. 경기 변화에 따른 충격에도 견딜 수 있는 물건이 최선이다. 오래 가져갈 컨디션의 물건을 여유를 가지고 구입하면 매도에 대한 스트레스가 확 준다. 반대로 스트레스가 많은 물건은 매도에서 실패할 확률이 그만큼 높다.

2020년 초기 강남의 아파트 구입을 문의하는 투자자가 있었다. 대출이 문제였다. 수익률로 따지자면 살 만한 물건이 많이 있다고 조언을 했으나 그분은 강남의 아파트를 고집했다. 정 그렇다면 사시라고 했다. '왕관의 무게'를 견딜 수 있는 자가 왕좌에 올라갈 수 있다. 악재를 견딜 각오가 돼 있고 그걸 즐길 수 있다면 왕관의 무게를 견뎌 보는 것도 나쁘지 않다.

그러나 이것은 특별한 경우다. 버티고 버텨야 하는 수준의 물건이라면 안 사는 것이 답이다. 애매한 물건은 가격이 떨어지는 상황에서 버티고 버티다 결국 밑장에서 팔게 된다. 돈은 둘째 치고 정신적 스트레스가 생명줄을 상하게 한다.

노련한 투자자들이 물건을 팔 때는 이유가 있다. 바로 사고 싶은 다른 물건이 나왔을 때이다. 그걸 사기 위해 기존에 보유하고 있던 것 중 가치가 덜 나가는 것을 판다. 나또한 산 것은 쉽게 팔지 않는다. 2020년 정부에서는 '한시적 중과세 면제'를 발표했다. 다주택자들이 일정 요건에 부합하고 6월까지 집을 팔면 중과세를 면제해 준다는 내용이었다. 하지만 당시 팔린 것은 노른자위 좋은 물건이 아니었다. 가장 외곽 하급지의 물건들이 대부분이었다. 괜찮은 것들은 지키려고 했다. 똘똘한 한 채를 지키는 게 요즘 트렌드다. 가진 것이 없는 사람일수록 처음부터 마지막까지 가져갈 물건을 사야 한다.

매도 우위 시장에서 팔아라

아파트 분양을 바라는 이들에게 나는 3가지를 강조한다. 용기, 담대함 그리고 결단력!

용기는 청약을 넣을 때 마음이다. 당첨은 참 쉽지 않다. 차라리 '추후에 도시가 완성된다면 이곳도 온전한 상품이 되겠다'라는 생각으로 미분양이 난 아파트를 고르는 것이 낫다. 용기가 필요하다.

담대함은 아파트 가격이 올라갈 때 이를 지켜보는 투자자가 가져야 하는 마음이다. 보통 신규 단지의 상승은 가파르다. 1억~2억 원씩 가격이 들썩일 때는 '도시가 완성될 때 온전한 수익을 거두겠다'라는 마음이 온데간데없이 사라진다. 당장 수익을 거두고 싶다. 사실은 이 시기를 잘 견뎌야 한다.

마지막으로 결단력은 예상했던 적정 가격이 되었을 때 '수익을 현실화하는' 투자자가 가져야 하는 마음이다.

이 세 가지 중에 가장 필요한 것이 담대함이다. 모든 수익금은 '팔아야 내 돈'이다. 투자를 한 후에는 수시로 '한 번 팔아볼까?' 하는 흔들림이 찾아온다. 이후부터는 '언제 팔까'부터 '팔면 다음에 뭐 살까?' 하는 식으로 고민이 계속 불어난다. 처음부터 "도시가 완성되면 팔 거야"라는 결심을 해두지 않는다면 중간까지만 가는 경우가 흔하다.

기다림은 이익을 실현하는 가장 중요한 과정이다. 투자에 있어 가장 많이 할애하는 시간은 식물을 경작하듯 부동산이 자라는 것을 지켜보는 것이다. 불안과 조바심을 견디지 못하는 유리 멘탈이라면 차라리 본업에 충실한 것이 낫다. 어느 순간 뿌려 놓은 씨에서 과실이 열린 것을 확인하는 것이 훨씬 안전하다.

자 그럼, 부동산에서 수확은 언제가 가장 적절할까? 분양 아파트라면 도시가 완성된 때가 가장 좋다. 그리고 통상적인 부동산 물건이라면 매도인 우위 시장이 안전하다. 시장 분위기는 동네 부동산만 가봐도 알 수 있다. 호가가 실거래가보다 훨씬 높게 형성돼 있다면 매도인 우위 시장일 가능성이 높다. 실거래가 신고제는 부동산 거래 투명화를 만들었지만 사실, 매도자에게는 매도 하한선의 역할을 한다. 그 이하로는 팔지 않으려 한다. 너도 나도 마찬가지다.

살 때만큼 팔 때도 배짱이 필요하다. 급격한 하락장만 아니라면, 높은 가격으로 가장 오래 버틴 매도자가 가장 비싼 금액으로 물건을 판다. 신규 분양아파트에서도 전세를 내놓을 때도 마찬가지다. 신규 물량이 쏟아지면 잔금을 맞추려는 집주인들이 전세가를 낮춰서 급매로 내놓으려 한다. 부동산에서도 이러한 집주인의 심리를 알고 1,000만~2,000만 원 많게는 3,000만~5,000만 원을 깎아 보려고 한다. 그러나 여기서 흔들리면 안 된다. 전세가를 낮추면 내가 더 많은 돈을 내야 한다. 전세 물건이 들어갈 때까지 기다리는 것이 낫다. 새 아파트를 바라는 이들은 많다. 신혼부부들도 많이 찾아온다. 마지막까지 버티면 원하는 가격을 받을 수 있다.

통상적으로 인근에 입주 물량이 많은 시기와 정부 정책 발표 직후는 매도를 하지 않는 것이 업계 상식이다. 정부의 네거티브 정책이 나오면 공포에 의한 급매물이 나오고 매수 수요도 급감한다. 팔아도 제값을 받기 어려운 상황이다.

절세는 수익률을 높이는
가장 쉬운 길이다

부동산을 취득하면 재산세가 발생한다. 2020년 4월 기준으로 서울에 공시가격 6억 원의 주택을 가지고 있다면 재산세 81만 원, 지방교육세 16만 2,000원, 도시계획세 50만 4,000원 도합 147만 6,000원의 세금을 내야 한다. 적다면 적지만 크다면 큰 금액이다. 그런데 이 재산세의 기준일은 6월 1일이다. 6월 1일 전에 잔금을 맞추고 등기를 받았다면 재산세를 내야 한다. 6월 1일만 넘겨서 등기를 해도 이 돈을 아낄 수 있다.

가끔 투자 상담을 하다 보면 이러한 기본적 지식도 없는 분들을 만난다. 재산세 비율, 재산세 발생 일자는 체크하는 것은 고사하고 "가격이 오르면 세금을 내고도 남는다"는 대범한 생각을 하는 분도 있다. 반대로 "종부세다 뭐다 말도 많던데 세금 감당하느니 저는 그냥 무주택으로 살렵니다" 하는 분도 있다. 안타깝게도 둘 다 세금에 대한 무지가 자신의 자본을 갉아 먹고 있다는 것을 인식하지 못한다.

애국자가 되는 길은 간단하다. 세금은 많이 내면 된다. 그러나 애국자도 살아야 한다. 절세를 잘 하면 더 큰 그림을 그릴 수 있다. 무식해서 돈을 갖다 버리는 것은 억울한 일이다.

나라가 먼저 알려주지 않는다, 알아야 덜 낸다

집을 살 때 내는 취득세는 누구에게나 동일하게 적용된다. 빼도 박도 못하고 내야 한다. 그러나 보유세와 양도세는 알면 알수록 줄일 수 있는 여지가 커진다.

집을 보유할 때 내는 보유세는 재산세와 종합부동산세로 나뉜다. 재산세는 정부에서 고지서를 송부해 준다. 그대로 내야 한다. 종합부동산세는 공시가격 6억 원 초과부터 해당된다. 1세대 1주택자라면 9억 원(3억 원 추가 공제) 초과이다. 그런데 종합부동산세는 인별 합산과세이다. 2주택의 기준시가 합이 12억 원 미만이라면 부부가 공동으로 소유하는 것이 낫다. 인당 소유 주택지분이 6억 원 미만이라면 종합부동산세를 내지 않아도 된다.

집뿐만 아니라 부동산을 팔았다면 양도소득세를 내야 한다. 1억 원에 집을 사고 3억 원에 팔았다면 남긴 이익 2억 원에 대해 세금을 내야 한다. 그런데 일정 요건을 갖춘 1주택자는 양도소득세를 내지 않는다. 요건은 보통 2년 이상의 보유기간과 거주기간이다. 요건은 지역에 따라 차이가 있는데 공통적으로 9억 원까지 비과세이다. 현재 집을 팔고 새 집을 사는 경우는 1년 안에 기존 집을 파는 조건일 경우 일시적으로 1세대 2주택을 용인해 주고, 양도소득세도 9억 원 내 주택은 비과세로 해준다.

다주택자의 경우 보유 기간 등을 고려해 양도소득세를 내야 한다. 판매가에서 구입가를 빼고 구간에 맞는 세율을 곱해서 세금을 정한다. 많은 이들이 양도소득세가 엄청난 것으로 생각하는데, 차익에 대해 일정 세율을 곱하기 때문에 차익이 크지 않으면 세금도 크지 않다. 또한 개인합산이라 부부가 공동명의로 하면 세율이 낮아진다. 또한 주택 보유를 위해 쓴 경비 중 취득세와 금융기관에 매도하면서 생긴 국민주택채권할인손실, 법무사비용, 취득 시와 양도 시 발생하는 공인중개사 수수료, 바닥 시공비, 방 또는 베란다 확장 공사비, 보일러 교체 등은 필요 경비로 인정돼 내야 할 세금에서 공제된다.

일례로 1세대 2주택으로 1년 이상 보유했는데 1억 원 정도 가격이 상승했다고 치자. 세금과 중개인수수료, 법무사비 등으로 2,000만 원이 들었으니 필요경비로 뺀다. 8,000만 원을 부부가 나누어 가지면 과세표준은 4,000만 원이 된다. 거기에 각각 기본공제가 250만 원이 있다. 세율 24% 구간에, 조정지역 2주택으로 10% 중과라면 세율은 34%가 된다. 누진공제로 522만 원은 빼준다. 이를 계산하면 양도소득세는 다음과 같다.

부부 공동 명의 주택, 1년 이상 보유 시세차익 1억 원의 양도소득세
(단위: 만 원) = (4,000-250)*0.34-522 = 753

계산해보면 부부 합산 1,506만 원의 양도소득세를 내게 된다. 크다면 큰돈이지만 주택을 구입하기 위해 들어간 비용은 제하고, 수익 8,000만 원에 대해서는 18%만 세금으로 내는 셈이다.

절세를 할 때 알아야 할 핵심은 '나라가 먼저 알려주지 않는다'라는 것이다. 내 재산은 내가 지키는 수밖에 없다. 적법한 절차만 따라도 절세가 가능하다. 손품과 발품을 팔면 행위와 시기에 따라 다양한 절세 방법이 있는 것을 확인할 수 있다. 원리는 간단하다. 기본적인 세법을 알고, 관련 서류를 꼼꼼히 챙기며, 소득 구간을 잘 확인해 적용하면 된다. 알수록 세금은 낮아진다. 어렵다고 담을 쌓으면 안 되는 이유다.

세무사 상담은 필수다

평범한 가정주부인 지인 한 명은 결혼 초에 20년도 더 된 아주 작은 평수 아파트를 사서 들어갔다. 이후 아이들이 태어나면서 그 집을 세를 내주고 있다가 인근에 아파트 분양 공고를 보았다. 시절이 바뀌어 무주택자만이 청약을 넣을 수 있었다. 그런데 알아보니 $60m^2$ 이하 공동주택 가격 1억 3,000만 원 이하는 무주택자 요건이 되었다. 재건축 바람이 불어 실거래가는 4억 원을 넘겼으나 공시가가 낮게 책정되어 있었다. 천운이 더해져 아파트에도 당첨이 되었다. 그런데 새 아파트에 들어간 지인은 갑자기 골머리가 아팠다. 이전 집을 팔아도 새 집을 팔아도 세금으로 수익의 절반 이상이 날아갈 상황이었기 때문이다. 남들이야 올라서 내는 세금이니 어떻겠느냐 하지만 앉은 자리에서 3억 원씩 세금을 내자니 속이 쓰렸다. 절세를 위해 증여를 고려해 보았으나, 아이들이 너무 어렸다. 설사 가능하다고 해도 세금이 상당히 나갈 것이 뻔했다.

지인은 다시 도움이 될 만한 정보가 있을까 알아보았다. 그러다 '조합원 이주주택'이란 것을 듣게 되었다. 재건축 아파트의 사업시행 인가 이후 취득한 주택은, 재건축을 위해 어쩔 수 없이 구입한 대체주택이 된다. 그런데 시기가 문제다. 관리처분 인가 이후 구입주택은 해당이 되지 않는다. 그리고 대체주택에는 세대전원이 1년 이상 계속해서 거주를 해야 하고 새 아파트가 준공되었을 때 역시 2년 이내에 1년 이상 거주를 해야 한다. 그런데 새 아파트 준공 후 2년 이내에 팔면 비과세가 된다. 이 내용을 확인하고 지인은 골머리 앓던 문제를 해결했다. 재건축 이후 새 아파트에 들어가서 1년을 거주한 후에 이전에 분양 받은 아파트를 팔면 세금을 한 푼도 내지 않아도 된다는 것을 확인한 것이다.

나는 지인의 이야기를 들으며 지인의 정보력이 신통방통하여 도대체 이 많은 정보를 어떻게 찾았느냐고 물었다. 지인은 "뭐 어려워, 세무사한테 물어보면 되는데"라고 답했다. 나는 손으로 이마를 쳤다. 흔히들 "전문가에게 가는 것을 두려워 말라" 하면서 말은 하지만 나조차도 귀찮고 번거로울 때가 있다. 그런데 이럴때에는 살림하는 주부가 나보다 나았다. 시간 당 몇 만 원의 상담료를 내는 걸 서슴지 않았다. 깊은 반성이 드는 순간이었다.

시중에 세금에 대한 정보가 많이 나와 있다고는 하지만 가장 정확한 것은 세무사에게 확인하는 것이다. 그게 불편하다면 세무사를 찾아가 전문 상담을 받는 것이 효과적이다. 보통 구청이나 법원 인근에 가면 세무사 사무실이 많이 있다. 두려워 말고 문을 두드리길 강력 추천한다.

임대 사업자를 낼까, 법인을 세울까

2017년 8월, 정부는 임대 사업자 등록을 권장하는 정책을 폈다.

2015년 13만 8,000원이었던 임대 사업자가 2018년에는 40만 7,000원으로 늘었고, 주택수도 59만 채에서 143만 채로 늘었다. 투자자들이 적극적으로 임대 사업자를 낸 이유는 취득세, 재산세, 양도소득세, 종합부동산세 등 높은 세제혜택 때문이었다. $60m^2$ 이하일 때 200만 원 초과인 경우 취득세의 85%를 감면해주고 재산세도 50~85% 감면 대상이었다. 5년간 임대를 하면 거주주택 비과세 특례도 받을 수 있었다. 대신 임대기간 동안 임대료 증액이 5%로 제한됐다.

그런데 2018년 이후 임대 사업자 등록보다 한 발 더 나아가 부동산 임대 법인을 세우는 것이 유행이 되었다. "큰손들은 부동산도 법인으로 한다"라는 이야기가 돌 정도였으니 말이다.

법인 활용의 가장 큰 장점은 명의 활용의 제약이 적다는 점이다. 법인으로 매수와 대출을 일으켜도, 개인은 1주택자로 남는다. 또한 법인은 양도소득세와 종합소득세로부터 자유롭다. 개인은 6~42%를 내지만 법인세는 10~25%에 불과하다. 또한 개인은 소득 과세표준이 기본 세율 6%에서 1,200만 원이고 구간부터는 15%로 껑충 뛰는데 법인은 과세표준이 2억 원까지 10%가 유지된다. 소득이 많아질수록 법인을 활용하는 것이 세율을 낮출 수 있다. 또한 현장답사 교통비, 담보대출 이자, 도배장판 교체 비용 등 투자 관련 비용을 세금에서 공제받을 수 있고, 건강보험료 부담도 줄어든다. 법인 대표는 근로소득자가 돼 낮은 급여를 책정하면 건강보험료도 낮아진다. 하지만 법인이 모두에게 유용한 것은 아니다. 비사업용 토지나 주택을 매도할 때에는 양도차익에 대해 추가과세 10%를 내야 한다. 또한 법인을 세우고 유지하는 데 상당액의 비용이 들어간다. 법인 통장의 자금을 쓰기 위해서는 급여나 배당, 퇴직금의 절차를 거쳐야 한다. 셀프로 할 수 있지만 익숙하지 않은 절차 때문에 세무사에 의뢰하는 경우가 대부분이다.

이 책의 집필을 마무리하기 직전 6·17 부동산 대책이 발표됐고, 법인에 대한 종부세 공제혜택이 폐지된다는 내용이 포함돼 있었다. 이젠 법인의 세제혜택도 대폭 축소되어 법인 설립이 다소 주춤하긴 하지만, 규제를 피해 100만 원 이하의 부동산 임대법인도 증가하고 있다. 부동산 자본이 많은 이들에겐 법인이 여전히 유효한 것이다.

이처럼 개인 임대 사업자와 법인은 유리한 점과 불리한 점이 각각 있다. 주택이나 작은 상가는 개인이 유리하고 종합부동산세가 많은 주택이나 상가의 경우 법인이 유리하다. 상황과 여건에 맞춰서 현명하게 선택해야 한다.

호갱은 되지 말자!
절대로 해선 안 되는 부동산 종목 3가지

부동산은 이상한 것만 사지 않으면 돈을 번다. 아무리 생각해봐도 수익이 나지 않는 구조인데, 고수익을 낼 수 있다며 구매자를 모으는 것들만 피하면 된다. 대표적으로 지역주택조합아파트, 호텔 객실 분양, 기획부동산 등이다. 재난을 겪은 대부분의 사람들이 하는 말은 "내겐 이런 일이 일어날 줄 몰랐다"라는 것이다. 상담을 하다 보면 당사자는 투자로 했다지만 내가 보기에는 도박에 가까운 것들도 있다. 무지한 데 그저 수익률에 눈이 멀었던 것이다. 누차 강조하지만 부동산 투자에서 배움의 목표는 명확하다. 혹자는 수익률을 높이는 것이라 하지만, 나는 실패율을 낮추는 것에 더 초점을 맞춰야 한다고 생각한다. 잃는 것은 한 방이다. "실패가 경험이 될 수 있다"라는 위로는 성공한 사람들이 해야만 멋진 말인 것이다. 초보자일수록 실수하지 않도록 배워야 하고, 경험이 많은 자일수록 방심하지 않도록 배워야 한다.

수익률 좋다는 말에 속지 마라

우리는 흔히 사기꾼들에게 잘 당하는 사람을 어리숙한 사람들이라고 생각하지만, 내가 살펴본 바로는 그렇지 않다. 사기꾼들의 타깃이 되고 잘 속는 사람들은 '욕심이 많은 사람들'이다. 사자들은 이 욕심의 냄새를 귀신같이 맡는다. 그리고 아주 능숙하게 접근한다. 가장 먼저 하는 일은 고수익에 눈이 멀도록 하는 것이다. 일단 넘어가면 세세한 정보가 잘못됐다 알려줘도 투자자의 귀에는 하나도 들리지 않는 상태가 된다.

"그게 자기는 안 했다 하더라고!"

아내의 친한 언니가 김포의 지역주택조합 때문에 상담을 받으러 왔다. 막역한 사이라 단도직입적으로 왜 지역주택조합에 가입을 했느냐고 물어보았다. 친동생이 괜찮은 곳이라고 소개를 해주었다는 것이다. 가서 보니 정말 그럴듯했다. 이전의 김포가 아니었다. 진즉에 미분양 물건이 소진되고 경전철도 개통돼 분위기가 달랐다. 지역주택조합 관계자는 1차 분양은 성황리에 마무리가 됐고 지금은 2차 분양 중이라고 설명했다. 3차 분양도 코앞인데 일단 3차로 넘어가면 평당 분양가가 300만 원 이상 비싸질 거라고 했다. 당시는 분양권 거래 규제도 없어 직접 들어가 살지 않고 피만 받고 팔아도 2억~3억 원은 남길 수 있을 것 같았다. 바로 가지고 있던 청약통장을 정리하고 적금을 뽑아 청약 절차를 진행했다. 그런데 돈을 넣고 나니 분위기가 이전 같지 않았다. 3차 조합원을 모집하네, 4차 조합원을 모집하네 이야기만 있을 뿐 사업 진행에 대한 공식적인 통보가 전혀 없었다. 지인을 낙담시킨

것은 동생의 전화 한통이었다. 정작 동생은 조합 가입을 하지 않았다는 이야기에 뭔가 잘못됐다는 느낌이 들었고 나를 찾아오게 된 것이었다.

지금껏 내가 상담한 지역주택조합 피해자들의 이야기는 이와 크게 다르지 않다. 인터넷이나 지인을 통해 지역주택조합사업에 대한 정보를 듣고 정보 확인차 찾아갔다가 계약까지 하고 돌아온다. 교통 요지에, 시세보다 2억~3억 원 싼 매물이라는 이야기에 마음이 동요하지 않는 사람은 없다. 마음이 동한 상태에서는 이것저것 묻고 따지는 일도 통과의례 수준이 된다. 최소 몇 천 만 원의 돈이 들어가는 결정이 일사천리로 이루어진다. 막상 사업 진행에 대해 물어보면 '그 사람들이 그렇다고 했다'라는 전언뿐이다.

절대 투자해선 안 되는 부동산 종목

부동산의 호갱이 되지 않기 위해서는 한 가지만 생각해 보면 된다. '이렇게 많은 수익이 정말 실현될 수 있을까?' 답을 찾다 보면 살 물건인지 아닌지 가늠이 된다.

'해선 안 될 것'이라고 콕 짚은 물건들에 대해 간단히 살펴보자.

첫째, 지역주택조합아파트이다. 지역주택조합은 청약통장이 필요 없다, 저렴한 분양가가 가능하다, 당장은 계약금만 있으면 된다, 이만한 입지가 나오기 어렵다는 이야기로 손님들을 끈다. 그러나 실상 들여다보면 지역주택조합은 아직 아파트를 지을 땅도 갖고 있지 못한 상태다. 95% 이상 매입이 돼야 강제집행이 되는데, 입지가 좋은 곳은 임대 수요가 있어 개발이 어렵기도 하고 거주민들의 관심이 없으면 95%는 불가능하다. 계약금을 낸 조합원들은 사업 추진을 기대하지만, 땅만 사다 세월이 가고 조합도 투명성이나 진정성을 가지고 진행되는지 감시하는 체제가 없어 그 속을 알 수 없다. 또한 지역주택조합은 시행사 이익을 줄여 분양가를 낮춘다고 광고를 하지만, 부대비용이 어마 무시하게 들어간다. 건축은 시간과의 싸움이다. 시간이 길어지면 길어질수록 배보다 배꼽이 더 커진다. 나는 지역주택조합아파트에 투자를 할 바에는 착공 이후 웃돈을 주고 매입하는 것을 권한다. 그 정도까지 기다리기가 힘들다면 직접 등기부등본을 통해 토지매입 여부를 확인해 보아야 한다.

둘째, 호텔 분양 매물이다. 원래 호텔은 수익형 부동산이 아니었다. 2012년 한류 열풍이 불고 관광객 수가 증가하면서 숙박업소가 부족해지자 정부에서도 분양형 호텔을 허가해 주었다. 투자자들은 고수익을 기대하며 호텔 분양에 몰렸다. 그러나 수년이 지난 현재 분양형 호텔은 하지 말아야 할 투자 종목에 이름을 올리고 있다.

2020년 보건복지부에서 파악한 '전국 분양형 호텔 소송 현황'을 살펴보면 운영 중인 호텔 151개 중 소송을 진행했거나 진행하고 있는 호텔이 각각 27곳과 24곳으로 3분의 1에 달한다. 그만큼 투자자들이 감당해야 할 리스크가 많다는 것이다.

분양형 호텔은 투자자들에게 호텔의 호실을 분양하고 수익금을 매달 분배해 주는 방식의 수익형 부동산이다. 보통 연 10% 이상 수익률을 제시하며 홍보를 하는 곳이 수두룩했고, 강남역과 합정역 인근에

모델하우스를 오픈해 둔 곳도 많았다. 그러나 당초 기대했던 수익금이 지급되지 않으면서 송사가 늘고 있는 상황이다. 호텔에 수익이 나지 않는 것은 가장 쉽게는 호텔 공급의 증가와 관광객 감소를 들 수 있겠지만, 내부적으로 보면 수익이 나지 않는 구조라는 설명이 더 적합하다.

분양형 호텔 투자자는 분양회사와 분양계약을 체결하면서 동시에 호텔을 운영할 위탁업체와도 계약을 맺는다. 분양과 위탁운영주체가 다르다. 수익금 지급은 위탁업체가 맡는다. 이런 구조에서는 수익금 미지급 문제가 계약 해지로까지 이어지기 어렵다. 또한 위탁운영회사가 수익금 지급을 위반해도 분양자들이 직접 호텔을 운영하기는 어렵기 때문에 위탁운영해지와 이후 대책을 주도적으로 해결할 수 없다. 투자자는 분양을 받고 등기까지 마쳤으니 재산권을 행사하기가 어렵다. 자신의 재산으로 돈을 벌기가 어려운 말도 안 되는 구조이다. 수익률을 5% 전후로 낮춘다면 2억~3억 원 대 투자금으로 할 수 있는 일이 많다. '10% 수익률에 10년 확정 지급' 같은 헛된 공약에 귀한 돈을 배팅하지는 말아야 한다.

셋째, 기획부동산이다. 얼마 전 대형 쇼핑몰에 갔다가 지하에 "당신의 땅을 사드립니다"라는 플랜카드를 보았다. 가까이 가서 보니 분할된 작은 토지를 사준다는 내용이었다. 기획부동산에 속아 땅을 산 사람들에게 헐값으로 땅을 사들이고 있는 듯 보였다. 또 다른 기획부동산의 재료 공급책은 아니었을지 의심도 들었다. 두 달 후쯤 들렀을 때는 플랜카드도 사무실도 사라지고 없었다.

기획부동산이 활개를 친 것은 20년 전의 일이다. 이슈가 있을 때마다 기획부동산이 활개를 쳤다. 2011년 강원도 평창에서 2018 동계올림픽이 개최될 것이라는 기사가 떴을 때는 강원도 일대의 토지를 판다는 전화가 빗발쳤다. 2016년 말 수서-평택 고속도와 SRT, 미군과 삼성전자의 평택 이전이 발표된 후에는 평택 땅을 사라는 전화가 이어졌다. 이후 그린벨트 법안이 개정돼, 시장과 도지사가 정부의 승인을 거치지 않고 소규모의 그린벨트를 해제할 수 있다는 기사가 나온 후에는 전국에서 전화가 걸려왔다. 기획부동산은 이런 이슈를 재료 삼아 끊임없이 일을 계속하고 있다.

이들은 헐값에 넓은 임야를 사서 투자자를 모집한다. 분할등기를 해주는 경우도 있고 지분등기를 해주는 경우도 있다. 문제는 이 땅이 개발도 되지 않고 팔 수도 없는 땅이라는 것이다. 나는 지인들에게 전화로 부동산 투자를 권유하는 전화를 받으면 즉시 끊어버리라고 말한다. 1~2번 통화를 하고 "생각해 보겠다"라고 하면 타깃이 되어 넘어가기 십상이다. 애초에 아니라고 판단한 후 냉정하게 잘라내는 것이 가장 안전한 길이다.

조급함을 경계하고 실행력을 키워라

홈쇼핑을 보면 가끔 '이 방송이 끝나기 전에 상담원과 연결이 안 될 것 같다'라는 초조함이 들 때가 있다. 초침이 째깍째깍 돌아가면 침이 바짝바짝 마른다. 그러다 상담원과 연결이 되고 카드번호를 다 불러주고 전화를 끊을 때는 어떤 성취감이 들기도 한다. 기껏 1+1 갈비찜이나 속옷 세트, 에어프라이어 같은 소형 가전제품을 사는 것에도 그러하다. 일생에 한번 해볼까 말까한 부동산 계약에서는 사실 이보다 더한 스릴과 서스펜스가 있다. 때문에 가끔 '내가 사려고 하는 것'이 무엇인지를 잊어버린다. 부동산에서의 후회는 가볍지 않다. 몇 만 원에 열댓 장하는 속옷을 받아들고 '이걸 사기 위해 그렇게 안달복달했나' 하는 것과는 차원이 다르다. 평생 해결하지 못하는 앓는 이가 될 수도 있다. 잘 판단해야 한다.

가끔 강연에서 "그렇다면 실행력과 조급함의 차이는 무엇인가요?"라고 묻는 분들을 만난다. 부동산 투자는 실전이라고 하면서 왜 자꾸 확인하고 두드리라고 하는지를 묻는다. 과감해야 할 때와 점검해야 할 때를 구분하기 어렵다고 말한다. 맞다, 나 역시 그러했다.

초보자일수록 가급적 자신만의 스트라이크존을 지켜야 한다. 아무 것도 모르는 상태에서 빨리 결정하고 싶은 마음은 조급함이다. 다 안 상태에서 결정의 때를 앞당기는 것은 실행력이다. 조급함은 불안과 후회를 가져오지만 실행력은 성과를 가져온다.

모르면 배워야 한다. 주식이라면 모의투자를 해본다. 자신이 어떤 성향인지 알 수 있다. 빨간색과 파란색을 덤덤하게 바라볼 수 있는 수준에서 실전에 나가야 한다. 부동산은 자본금이 많이 들어가기 때문에, 자본을 모으는 중에 모의투자를 해볼 수 있다. 손품과 발품은 절대로 거짓말을 하지 않는다. 탄알을 받기 전에 총에 기름칠도 해놓고 방아쇠 당기는 연습도 해두어야 하는 것이다.

"확신이 없는 상황에서 계약금을 쏘지 마라."

"누군가에게 의지하고 계약금 쏘지 마라."

"물건이 아닌 사람에게 계약금을 쏘지 마라."

세 가지만 지키면 최소한 사기는 당하지 않는다.

잔소리를 좀 더 보태자면, 질문은 프로가 프로에게 하는 것이다. 시장에 가서 추천 매물을 받을 생각은 버려야 한다. 중개소에 가서 "어떤 물건이 좋아요?" 물어봐야 원하는 답을 듣기 어렵다. "전세가가 2억 5,1000만 원 정도가 맞나요?", "매수 후 세입자를 구하려고 하는데 통상 3개월이면 충분한가요?" 식의 구체적인 질문을 던져 내가 알아본 것이 사실인지 아닌지만 확인하면 된다. 그리고 판단은 내가 하는 것이다.

알고 실천하면 호갱은 되지 않는다.

부동산 종목별 투자의 정석

내게 맞는 투자의 스트라이크존을 찾아라

부동산 공부의 지름길, 경매

경매는 부동산에서 핫한 종목이라 할 수 있다. 서점에 가보면 부동산 서적의 절반 이상이 경매 도서다.

다른 투자 종목에 비해 초기 자본이 적게 들어가고, 공개된 정보로 쉽게 매물을 구할 수 있는 것은 경매의 큰 장점이다. 경쟁 입찰 방식이 주는 높은 위험성이 주는 높은 수익률, 즉 '하이 리스크 하이 리턴'도 매력적이다. 다른 종목들이 장기투자를 기본으로 하는 것과 달리 경매는 낙찰에서 매도까지 오래 걸리지 않는다. 수개월 만에 200~300%의 수익률을 올리는 경우도 많다.

그러나 나는 경매의 많은 장점에도 불구하고 초보자들에게는 적극적으로 권하지 않는다. 경매의 장점이 초보자들에게는 장점이 되지 않는 경우가 많다. 일례로 하이 리스크 하이 리턴 방식에서 수익을 내는 이들은 대부분 '선수'들이다. 극단적으로 경매는 선수만이 수익을 낼 수 있는 시장일 수도 있다.

그럼에도 경매를 종목별 투자법의 가장 앞부분에 배치한 이유는 경매가 부동산 투자의 기본기를 가르쳐 주기 때문이다. 가격 확인, 임장(현장에 가서 실제 경매 부동산을 확인하는 과정), 가격 결정은 부동산 투자의 전부다. 경매의 과정 역시 이 3가지로 압축된다. 경매를 잘 배워두면 부동산 전반에 대한 감각을 익혀 다른 투자에서도 써먹을 데가 많다.

❶ 장점이 많은 만큼 경쟁도 치열하다

경매는 누군가 돈을 갚지 못해 강제로 시장에 나온 매물이다. 때문에 저렴할 수밖에 없다. 가장 큰 장점이다. 이밖에도 부동산 초보자가 혹할 만한 장점이 몇 가지 더 있다.

첫째, 경매는 누구나 참여할 수 있다. 관련 온라인 유료 사이트들이 많이 있지만 가장 공신력 있는 사이트는 '대한민국 법원경매정보(www.courtauction.go.kr)'이다. 스마트폰 앱을 통해서도 누구나 쉽게 접근할 수 있다. 진행과정과 처리 내용이 모두 공개된다.

이를 이용하면 권리 분석, 시세 조사, 입찰가 산정까지 가능하다. 현장에 가지 않아도 포털 사이트나 지도 그리고 로드뷰로 대략적인 입지는 확인할 수 있다. 게다가 요즘은 등기사항전부증명서, 건축물관리대장, 토지대장, 지적도, 토지이용계획확인원 등의 서류도 모두 인터넷으로 발급이 가능하다.

경매를 시작한 사람들은 공공기관에서 제공하는 정보와 유료 경매 정보 사이트에서 제공하는 정보를 크로스 체크하면서 원하는 물건을 찾는다. 물건 찾기가 쉬워진 만큼 시장에 진입하는 사람들도 많다. 경매 정보 사이트만 믿고 입찰에 바로 나서는 투자자들도 있다.

　다음으로 경매는 대출이 매우 쉽다. 문재인 정부 들어서 주택은 대출이 쉽지 않아졌다. 특히 다주택자들은 대출이 하늘에 별 따기이다. 그런데 경매는 예외다. 낙찰가의 80%까지 대출이 가능하다. 저금리 기조에서 대출에 대한 부담도 줄다보니, 자본금을 낮춰 경매에 입찰하는 이들도 많아졌다. 최근에는 소유권이전등기 비용도 저렴해지고 근저당 설정비 부담도 줄어 대출을 일으키기가 더 쉬워졌다.

　마지막으로 법원의 경매 절차는 매우 투명하고 신속하다. 수익성 부동산 투자를 잘못하게 되면 거래 과정이 불투명하고 진행이 더뎌 속을 태우는 경우가 많다. 그러나 법원 경매는 온라인으로 관련 정보가 다 공개돼 그런 염려는 안 해도 된다. 사건 기일과 문서 송달 역시 거의 실시간으로 올라온다. 열린 시장에서 투명하게 진행되다보니 수요자들이 더 몰리는 상황이다.

　종합해보면 경매는 장점이 많은 시장인데, 그러다 보니 참여자들이 점차 많아지고 있다. 시장의 투명성과 안정성을 믿고 "나도 한번 해볼까" 하며 들어오는 사람들이 많다. 대부분 온오프라인 경매 강좌에서 기초 과정을 마스터하고 임장과 입찰에 나서는 이들이다. 인터넷에 경매를 치면 관련 강좌가 쭉 뜬다. 온라인에도 '초급반/전문가반/실전반'으로 나눈 모집 안내가 즐비하다.

　하지만 나는 경매 강좌를 선뜻 추천하지는 않는다. 이론적으로 배워야 할 것들이 그리 많지는 않다고 생각한다. 그보다는 모의로 경매에 참여해보고, 임장을 나가서 현장감을 익히는 것이 여러모로 낫다.

　경매는 물건을 직접 찾는 수고가 들어간다. 또한 중개사무소처럼 상세하게 물건을 안내해주는 곳을 찾기 힘들다. 물론 요즘은 중개상처럼 물건을 소개하고 경매를 진행한 후에 수수료를 받는 업자들도 많이 생겼지만 이렇게 컨설팅을 받으면 수익은 그만큼 감소한다. 자칫 낙찰만을 목표로 삼다가 시세보다 높게 낙찰을 받는 일도 생긴다. 초보자들은 말소되지 않는 권리들을 해결해야 하지 않을까 하는 걱정 때문에 컨설팅을 이용하기도 하는데, 리스크를 낮추는 만큼 수익률도 낮아져 다른 종목과 다를 바 없는 상황이 벌어지기도 한다.

경매 고수들은 하나같이 경매로 인한 수익을 "꽁돈이 아니라 노력의 대가"라고 이야기를 한다. 대가를 얻기 위해서는 처음부터 노력이 필요하다는 것을 명심하고 시작해야 한다.

❷ '물건 확인, 임장, 가격 결정' 3단계로 부동산을 배운다

경매의 과정은 크게 물건 확인(감정가 혹은 유찰가), 임장, 가격 결정의 3단계로 설명할 수 있다.

물건 가격 확인은 매우 쉽다. 온라인 경매 사이트에 가면 다 나온다. 그중 마음에 드는 것을 골라 다음 단계인 임장으로 넘어가면 된다. 임장은 실제 물건을 보고 물건의 가치를 확인하는 과정으로, 경매에서 가장 중요한 부분이다.

투자자는 임장을 통해 '권리 분석'과 '물건 분석'을 마쳐야 한다. 권리 분석이란, 쉽게 말해 낙찰 받았을 때 추가로 들어가는 비용이 있는지를 확인하는 과정이고 '물건 분석'이란 부동산의 입지와 현황, 거주자, 시세 등을 확인하는 과정이다. 두 가지를 어느 정도로 해내느냐에 따라 고수와 초보가 갈린다.

경매에서 가장 중요한 것은 권리 분석이다. 좀 더 자세히 알아보자. 경매에는 '말소기준 권리'라는 것이 있다. 등기부등본의 가장 위에 있는 권리가 근저당이고 후순위든 선순위든 간에 근저당권자가 경매를 신청한 경우라면 맨 위에 있는 근저당이 말소기준 권리가 된다. 경매가 진행돼 낙찰이 되면 말소기준권리를 포함해 아래 있는 모든 권리가 말소된다.

권리 분석 단계에서는 '명도 여부'도 확인해야 한다. 물건을 점하고 있는 사람을 내보내야 들어가 살든, 세를 주든, 매도를 하든 할 수 있다. 보통 현재 점유자가 소유자라면 명도 대상이 된다. 나가라고 하면 된다. 임차인이라면 주민등록상 전입 일자를 보고 전입 일자가 말소기준등기보다 늦으면 모든 권리가 말소되기 때문에 내보낼 수 있는 상황이 되는 것이다.

보통은 경매로 갖가지 권리가 100% 말소되고 임차인은 명도 대상이 되는 경우가 90%다. 경매 초보 투자자라면 이 2가지만 확인하고 경매에 들어가면 된다. 하지만 이런 물건은 경매 참여자가 많다. 한두 번 유찰이 되어도 낙찰가가 매우 높게 나온다. 급매 수준을 넘어서 시세로 낙찰 받는 일도 생긴다.

보통 권리 분석은 문제가 있는 10%를 해결하기 위해 필요하다. 임차인의 보증금이나 채권자의 채권액을 대신 물어주거나 책임져야 하는 경우에 해당한다. 이런 물건을 초보자가 잘못 낙찰 받으면 낮은 낙찰가가 무색하게 수익률은 바닥을 친다. 때문에 초보 투자자는 무서워서 못 들어간다. 경매의 높은 수익률은 이런 물건을 해결하는 기술을 익힌 고수들의 몫이다.

다음으로 '물건 분석'은 책상에서 알아보는 데는 한계가 있다. 컴퓨터나 전화로 확인을 한다고 해도 현장에서 느끼는 감은 다를 수 있다. 그래서 꼭 가봐야 한다. 인근 중개사무소도 가보고 주변 풍경을 직접 눈으로 확인하는 발품이 기본이다. 경매 고수들이 하나 같이 강조하는 것이다.

경매 물건 중에도 주의가 필요한 물건이 있다. 신건(새로 등록된 물건)인데 감정가가 낮게 나오거나, 지난 최저가를 넘겨서 다시 경매에 나오는 경우, 물건 번호가 많이 나온 경우, 빨간 글씨로 유치권, 법정지상권, 선순위세입자, 선순위가처분, 예고등기가 있는 특수 물건은 의심을 해봐야 한다. 대부분은 현장에 답이 있다. 현장 방문을 게을리해서는 안 된다.

보통 초보자에게는 위험이 없거나 덜한 물건을 권한다. 처음부터 욕심을 내기보다 부동산 매매 과정을 익힌다는 생각으로 접근하는 것이 좋다. 처음에는 문제가 생기는 물건은 제외하고 다른 물건을 찾아야 한다. 예상보다 물건은 상당히 많다. 매주 새로운 물건이 올라오고 유찰되는 물건은 20~30%씩 내려간 금액으로 다시 올라온다. 수익률은 다소 낮더라도 문제가 없고 매수와 임대가 잘 되는 물건으로 첫 성공의 경험을 쌓기를 권한다.

❸ 소액 투자의 꽃인 이유, 레버리지 극대화와 빠른 회전률

일명 지렛대 효과로 불리는 '레버리지'는 남의 돈을 지렛대 삼아 수익을 올린다는 뜻으로 사용된다. 3%로 대출을 받아서 5%의 수익을 올리면 2%는 내 몫이 된다. 지렛대를 이용해 쉽게 물건을 들어 올리는 효과를 거둘 수 있다.

레버리지를 극대화할 수 있는 것은 경매를 하는 이들에게는 엄청난 매력이다. 1억 원만 있어도 4억 원짜리 부동산을 살 수 있다. 시중의 일반적인 부동산 매매에서는 불가능한 일이다. 낙찰을 받은 경매 물건에 대해 나오는 '경락잔금 대출'만이 80~90%까지 대출을 일으켜준다. 많은 부동산 고수들이 경매를 고수하는 이유도 레버리지 효과 때문이다. 리스크를 확인하고 해결하는 권리 분석, 거주하는 이들을 내보내는 명도의 불편함과 귀찮음을 상쇄하고도 남는다.

게다가 경매는 자금 회전이 빠르다. 분양권 같이 실체가 없는 경우를 제외하고, 부동산 투자는 짧으면 3년 길면 10년 이상의 투자 기간이 필요하다. 어찌 보면 시간과의 싸움이라 할 만큼 기다림이 필수다. 그러나 경매는 낙찰 후 수리를 거쳐 바로 세입자를 받기 때문에 수익 실현이 빠르다. 주거용 부동산의 경우 시세보다 저렴한 가격에 낙찰을 받으면 전세나 월세만으로도 투자금을 회수하거나 상쇄하는 경우가 대부분이다. 수익 실현까지 짧으면 1~2달, 길어도 1년을 넘기지 않는다. 보통 낙찰 받고 1년 내에 되팔면 매매 차익의 40~50%를 양도소득세로 내야 하지만 세입자를 들이면 문제가 되지 않는다.

요약하자면 경매는 레버리지를 활용해 소자본으로 큰 수익을 올리는 데다 수익 실현까지 기간도 짧아 자본금이 적은 초보자들에게는 황금 시장이라 할 만하다.

하지만 세상에 완벽한 것은 없다. 하이 리턴은 항상 하이 리스크를 감내해야 한다. 앞서 언급한 대로 경매에서 수익이 높은 물건은 압류, 가압류, 담보가등기, 강제 경매 기입등기처럼 등기부등본에 기재된 특이 사항들이 있는 물건들이다. 초보자들이 겁을 먹고 들어오지 못하고 경매에 능숙한 사람들도 유심히 보는 물건들을 받아서 처리해야 고수익이 나온다. 뒤집어 이야기하면 특수물건을 처리할 능력이 없으면 위험성은 적지만 수익률도 적은 상황에 머물게 된다.

경매는 경쟁이 어느 곳보다 치열한 시장이다. 소액의 자본과 레버리지를 활용해 경매에서 큰 성공을 거두려면, 문제를 해결할 수 있는 능력을 키워야 한다는 점을 기억하자. 등기부등본 외에 인수 가능한 권리들을 입찰자가 알아서 확인해야 한다. 대항력 있는 임차인, 법정 지상권, 유치권, 선순위 가등기 가처분이 있는 물건을 잘못 받으면 배보다 배꼽이 커진다.

잔소리를 보태자면 낙찰을 받고도 사흘 밤낮 배가 아픈 이들도 종종 있다. 2등과의 가격 차이가 크게 난 경우이다. 지인 중 한 명은 오래된 빌라를 2등과 5,000만 원 차이로 2억 원에 낙찰을 받았다. 그래도 감정가보다 1억 원이나 싸게 받은 것이었다. 그러나 지인은 전혀 기뻐하지 않았다. 2등과의 가격차가 너무 큰 것만이 떠올랐다. 이런 분은 사실 경매를 하면 안 된다. 투자자는 마인드 세팅도 중요하다. 일희일비하지 않는 대범함이 없다면 정신건강을 지키기 어렵다.

❹ 급매보다 비싼 낙찰은 무용지물이다

2020년 2월 경매시장 활황이 신문의 경제면을 장식했다. 서울 아파트 몸값이 높아진 데다, 자금조달계획서와 입주계획서 증빙 요건이 강화돼 매매시장 대신 경매 시장으로 눈을 돌린 투자자가 늘어나고 있다는 내용이었다. 덕분에 서울 아파트의 주요 낙찰가율이 100%를 넘겼다. 과잉 투자로 수익을 내지 못하는 구간에서 낙찰을 받는 투자자가 늘고 있다는 우려가 나왔다.

2016년 부동산 호황기에도 비슷한 상황이 벌어졌다. 투자 열기가 전반적으로 높아지면서 경매에도 사람들이 많이 모였다. 당시는 '경매가 급매보다 비싸'라는 기사가 실렸다. 불황기에 경매인기가 갑자기 고조되었는데, 호황기에 접어들자 초보자까지 경매 시장에 유입되면서 부작용이 나타나고 있다는 내용이었다.

과거에도 현재에도 고가 낙찰은 꾸준히 이어지고 있다. 초보자들은 감정가를 시세로 생각하고 낙찰을 받는 실수를 종종 한다. 덕분에 급매가보다도 높은 금액으로 낙찰이 되는 경우까지 벌어졌다. 보통 낙찰의 30%가 시장에 나온 급매물보다 비싼 가격에 낙찰되고 있다고 한다. 경매에 대해 잘 모르는 이들이 의욕만 가지고 시장에 진입하면서 나타는 부작용이다.

초보자는 '완전시장'을 경계해야 한다. 모든 정보가 오픈되어 있는 완전시장은 얼핏 보면 매우 투명하고 공정해서 좋을 것 같지만 경쟁이 치열하다. 자본이 적게 드니 너도나도 하려고 한다. 경쟁자가 많아지면 매매가는 올라가게 돼 있다. 운 좋게 낙찰을 받아도 고가에 받으면 의미가 없다. 시장이 가격을 올려주길 기다리는 것은 경매의 투자 방식이 아니다. 명확하게 실패한 투자라 할 수 있다. 최소한 급매보다 비싼 가격으로 사지는 말아야 한다.

팁을 보태자면 초보자들은 상승장보다는 하락장 때 경매 시장에 가는 것이 낫다. 부동산 시세가 꺾이면 일단 물건이 많아진다. 부동산 시장에 대한 민감도가 미분양 시장 저리 가라다. 시세가 떨어진 만큼 감정가도 떨어지고 낙찰가도 떨어진다. 개중에는 하락장에서 물건을 사면 어디다 파냐고 걱정하는 이들도 있지만, 세상에 싸고 좋은데 안 팔리는 물건은 없다. 시세가 아무리 떨어져도 싼 물건을 사려는 사람은 항상 존재한다. 그런데 초보 투자자들은 부동산 활황기에 경매에 관심을 가졌다가 불황기가 되면 눈을 돌려버린다. 경쟁자들이 적어지는 이때가 기회일 수 있다. 경매에 대한 관심을 유지하고 있으면 기회는 반드시 온다.

보이지 않는 곳에 숨어 있는 보석, 빌라

사람들은 유독 아파트를 좋아한다. 집에는 아파트 말고도 여러 가지가 있다. 흔히 빌라라고 하는 다세대와 대체주택으로 꼽히는 오피스텔 그리고 마당이 있는 단독주택까지…. 그런데 '부동산 투자' 하면 아파트만 떠올린다. 이유가 없지는 않겠지만 '아파트가 최고'라는 고정관념을 깨지 않는다면 절반의 기회가 사라진다고 봐도 과언이 아니다.

우리가 흔히 다세대주택과 연립주택을 통칭해서 부르는 '빌라'는 소액으로 높은 수익을 올릴 수 있는 대표 종목이다. "빌라는 오르지 않는다"라는 말은 편견이다. 아파트가 오를 때 빌라라고 두 발이 묶여 있지는 않다. 크게 오르지는 않더라도 아파트 상승분에 비례한 수준까지 오르는 경우가 많다. 빌라는 개발 호재, 교통 호재에도 같이 반응한다.

통계를 살펴보면 2019년 3월 기준으로 전국의 땅값은 108개월 째

상승했다. 서울시 땅값 상승률은 평균 53%. 성동구는 70%까지 상승했다. 오른 땅값은 아파트에만 영향을 미친 것이 아니다. 성동구의 단독, 다가구, 다세대, 연립도 가파르게 상승세를 보였다.

빌라 투자의 최대 장점은 주택이면서도 소액 투자가 가능하다는 점이다. 아파트에 몇 분의 일밖에 되지 않는다.

그리고 소자본으로 수익률을 높이려면 난도를 높일 수밖에 없다. 개발이 기대되는 곳을 선점하는 것도 좋은 방법이다. 전세가 상승과 미래 가치가 반영된 높은 매매가로 이중의 수익을 올릴 수 있다.

다만 빌라는 잘 골라야 한다는 경각심이 늘 필요하다. 원래 보석은 남들이 보지 않는 곳에 숨어있기 마련이다. 일단은 안 된다는 선입견을 내려놓고 현장을 잘 살펴야 한다. 내 능력치가 올라갈수록 수익률도 올라가게 된다.

❶ 우리가 모르는 사이 거래는 늘고 있다

2019년 우리는 몰랐지만, 아파트 못지않게 활황인 시장이 있었다. 바로 빌라 시장이었다.

보통 주택 종목은 단독/다가구와 다세대/연립으로 구분하는데 빌라는 다세대/연립을 통칭하는 말로 통한다. 단독과 다가구는 소유주가 1명인데 반해 다세대와 빌라는 아파트처럼 하나의 집합 건물에 소유주가 여러 명이 있는 것이 특징이다.

서울부동산정보광장에서 제공한 자료에 따르면 2019년에 5월 서울의 다세대/연립 매매 거래량은 2,826건으로 같은 기간 아파트 거래량 1,779건보다 1,000건 이상 많았다. 서울의 시장 분위기가 좋았던

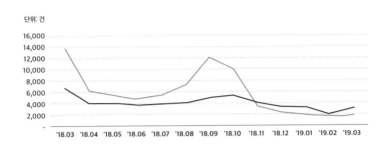

서울 주택 유형별 매매 거래량 추이(2018년 5월 기준)

단위: 건

16,000
14,000
12,000
10,000
8,000
6,000
4,000
2,000

'18.03 '18.04 '18.05 '18.06 '18.07 '18.08 '18.09 '18.10 '18.11 '18.12 '19.01 '19.02 '19.03

출처: 서울부동산정보광장

2018년만 해도 빌라 거래량은 아파트 대비 절반에 그쳤지만 2018년 9.13 대책이 발표된 이후 11월부터 거래량이 역전돼 5개월 연속 빌라 매매량이 아파트 매매량을 앞질렀다. 2019년 하반기에도 다가구와 다세대/연립의 거래는 꾸준히 상승했다. 11월은 전년 동기 76% 상승했고 상승세는 꺾임 없이 이어졌다.

이토록 서울의 빌라 거래가 잦아진 이유는 무엇일까?

LTV 축소와 금융규제 때문에 아파트로의 진입은 점점 더 어려워졌다. 서울시의 중위 아파트 가격이 9억 원을 넘기면서 대부분의 아파트들이 규제권에 들어갔다. 초과이익환수제까지 도마에 오르면서 30년 이상 된 아파트를 헐고 다시 짓는 재건축도 인기가 이전만 못하다.

전문가들은 아파트 가격에 부담을 느낀 실수요자와 투자자들이 현실적인 가성비와 미래 가치를 따져 빌라 매매에 나서고 있다고 분석했다. 실제 눈에 띄게 거래량이 많아진 곳은 은평구와 강서구, 구로구 등이었는데 아파트 값이 비싼 지역은 아니지만 실수요자 중심으로 거래가 이루어지는 지역이었다. 투자자들에게도 빌라는 더 이상 애물단지 부동산이 아니다. 투자금이 가볍고 진입이 편한 종목으로 바뀌고 있다.

그러나 빌라 투자는 높은 개별성과 낮은 환금성 때문에 딱 아는 만큼만 돈을 벌게 된다. 금액과 목적에 맞는 물건을 찾는 것이 관건이다.

❷ 빌라 투자, 알아야 방법이 보인다

빌라 투자는 크게 2가지 형태로 구분해 볼 수 있다. 직주 근접이 가능한 곳의 비교적 신축을 구입해 가격 상승을 기대하는 '입지 투자'와 낡은 빌라를 구입해 새 아파트로 바꿔서 수익을 남기는 '재개발 투자'이다. 모두 비교적 소액으로 진입해 수익을 남긴다는 공통점이 있지만 형태에 따라 알고 고민해야 할 것들이 다르다.

재개발 투자는 이후 자세히 다루기로 하고, 여기서는 빌라 투자의 기본인 '입지 투자'에 대해 자세히 살펴보고자 한다. 입지 투자의 기본은 입지가 좋은 곳의 빌라를 전세를 끼고 매입하는 것이다. 실거주 만족도가 높은 곳은 전세가가 빠르게 상승한다. 전세가가 상승하는 만큼 가격도 상승한다. 갭투자로 4~6년 안에 높은 수익을 거둘 수 있다.

땅값이 오르는 지역을 선점하라

'어디를 사야 오를까?' 입지 투자를 위해서 항상 고민해야 한다.

빌라는 저렴하다. 아파트보다 잘 지어졌다고 볼 수 없다. 때문에 빌라의 가격은 건물값보다는 땅값에 민감하다. 간단하게 말하자면 땅값과 정비례한다고 해도 과언이 아니다. 땅값이 오르는 곳을 사면 최소한 땅값 상승분만큼의 수익은 확보할 수 있다. 그런데 땅값은 입지가 좋은 곳이 오른다. 결국 입지가 좋은 곳을 사면 집값은 오른다는 이야기다.

따라서 빌라 투자를 하고자 한다면 최소한 지역이 서울이어야 한다. 땅값이 오르면 집값은 당연히 오른다. 처음에는 새로 지어지는 아파트 가격이 오른다. 다음에 기존에 있던 구축 아파트의 가격도 오른다. 이렇게 순차적으로 가격이 오르다가 빌라 가격까지도 오른다.

서울 안에서도 직주 근접이 잘 되는 곳이 최우선 입지다. 빌라의 입주 편의성, 교육 여건, 기타 환경적 요인은 아파트를 따라갈 수 없다. 그러나 직주 근접은 아파트 못지않다. 지하철역 근처에도 빌라들이 많이 있다.

가장 흔한 빌라 투자 방식은 직장이 모여 있는 곳 인근에 신축을 전세 끼고 장만한 후 가격이 오르면 되파는 것이다. 직주 근접지에는 수요가 꾸준히 있으므로 빌라의 특징인 낮은 환금성 문제도 해결할 수 있다. 최우선 입지에, 역에서 가깝고, 인프라가 잘 갖춰진 곳을 찾으면 중타는 한다.

전세가 상승률이 높은 곳을 사라

전세가율은 모든 주택 투자에서 중요한 지표이다. 전세가율은 지역에 따라 물건에 따라 제각각이다. 어떤 지역은 40%도 안 되지만, 어떤 곳은 80%에 육박하기도 한다. 보통은 전세가율이 높은 곳을 추천하지만 절대적인 기준은 아니다. 특히 아파트의 경우 전세가율이 40%라도 사야할 곳이 있는가 하면 80%를 넘겨도 절대 사지 말아야 할 곳도 있다. 전세가율만 보고 아파트 투자를 했다간 낭패를 볼 수도 있다.

하지만 빌라 투자에서는 좀 다르다. 빌라 투자는 전세가율이 절대적인 의미를 지닌다. 빌라 가격의 상승 여력은 전세가격 상승에서 나온다. 전세가가 상승하면서 매매가격을 떠밀어 줄 때 투자 수익이 발생한다. 전세가율이 높은 물건은 수익을 낼 확률도 당연히 높다.

일례로 3억 원 하는 신축빌라를 갭투자로 3,000만 원을 투자해 샀다고 가정하자. 최초 전세가는 2억 7,000만 원이었다. 그런데 2년 뒤 재계약 시점에 전세가가 3,000만 원 상승했다. 그럼 이미 전세가가 매매가와 같아진다. 매매 가격은 최소 3억 원 이상이 되고 3억 3,000만 원에서 3억 5,000만 원 정도가 되는 것이 자연스럽다. 이런 식으로 전세를 2번 정도 연장하면 매매 차익이 최소 5,000만 원은 생긴다. 2016~2019년 서울 신축빌라의 매매가가 상승한 배경에는 이런 전세가격 상승이라는 원인이 있었다.

그러나 빌라 투자로 수억 원을 벌겠다는 것은 망상이다. 소액을 투자해 소액을 벌지만 수익률은 월등히 높은 것이 빌라 투자다. 5,000만 원 이하로 들어가서 5,000만 원을 벌고 나오면 100% 수익률이다. 이 정도면 잘한 투자고 성공한 투자다. 계산은 간단하다. 한 번에 전세금을 2,000만 원씩 올릴 수 있다면 4년이면 4,000만 원은 올릴 수 있다. 빌라의 가격도 이에 비례해 상승한다.

최소한 아파트보다는 꼼꼼하게 체크해야 한다

빌라를 고를 때는 잘못 지은 빌라가 곳곳에 포진해 있다는 것을 명심해야 한다. 지뢰를 피하기 위해서는 조심하고 또 조심하는 수밖에 없다.

아파트를 성냥갑에 비유하자면 빌라는 알 수 없는 만화경이다. 아파트는 평형에 따라서 내부 구조가 똑같다. 1,000세대가 넘는 대단지라도 해도 평형에 따라 구조는 2~3개가 전부다. 그래서 성냥갑이라고 한다. 이에 비해 빌라는 내부가 제각각이다. 속을 들여다보지 않으면 그 내부를 절대 알 수 없다. 그리고 내부 구조도 아파트에 비해 뭔가 애매하고, 불편한 구석들이 있다. 앞서 빌라에 대한 사람들의 안 좋은 고정관념에 대해 이야기했는데, 사실 임장을 다녀보면 "이래서 빌라는 안 된다고 하는구나"라는 혼잣말이 터져 나오는 빌라들도 상당히 많다. 열심히 보러 다니고 열심히 비교해야 한다.

특히 도로에 접한 빌라는 저층의 경우 사생활 보호가 어렵다. 꼭대기 층은 냉난방 효율이 현격히 떨어진다. 바깥과 닿는 벽은 곰팡이와 결로가 생기기 쉽기 때문에 끝집은 좀 더 자세히 살펴야 한다.

내부로 들어가서는 살펴야 할 것들이 더 많다. 사람들은 아파트의 내부 인테리어는 기본은 한다고 생각한다. 따라서 동과 향, 층, 구조 정도만 살피고 넘어간다. 그러나 빌라 임장을 이런 식으로 했다간 큰코다친다. 아파트처럼 눈으로만 봐서는 안 된다. 반드시 손으로 살펴야 한다. 창문을 열어 바깥 소음을 확인하고, 물을 틀어서 수압을 체크하고, 화장실 물이 제대로 내려가는지를 확인하는 것은 기본 중 기본이다. 최대한 열어보고 만져보고 작동시켜 봐야 한다.

한편 빌라의 형태가 사람들이 선호하는 형태인지 살피는 것도 중요하다. 아파트만큼이나 빌라의 트렌드도 변화하고 있다. 과거에는 방이 2~3개가 있고 화장실도 2개씩 있는 곳이 인기가 높았다. 4~5인 가족들이 거주하기 위해 꼭 필요한 구조였다. 하지만 최근에는 전체적으로 가구원수가 줄고 있다. 아파트도 1~2인 가구가 더 많아졌다. 빌라도 마찬가지다. 1~2인 가구는 넓고 큰 공간감을 강조한 집보다는 작고 효율적인 구조를 선호한다. 위치 또한 한적하고 조용한 곳보다는 편의시설을 쉽게 이용할 수 있고 교통도 편리한 도심 복판을 좋아한다.

이러한 트렌드 변화를 반영하듯 직장이 가깝고 인프라가 잘 갖춰진 곳은 빌라촌이라 해도 꾸준히 수요가 늘고 있다. 전세가도 빨리 올라가고 매매가와 임대가 사이의 갭도 작다.

대표적으로 서울 내에서 빌라 수요자가 늘고 있는 지역은 중랑구, 금천구, 은평구이다. 중랑구 일대는 7호선으로 강남 접근성이 좋고, 은평구는 6호선과 3호선으로 광화문 접근성 좋다. 금천구는 대표 업무지구인 구로동와 가산동에 인접해 있다. 이들 지역은 매매가와 임대가 차이도 크지 않다.

매도시점은 전세 계약 시점으로 잡아라

투자의 완성은 손에 돈이 들어올 때라고 했다. 매도를 해야 수익이 발생한다. 매도를 잘 하면 수익률도 높아진다.

신축에 투자를 했다면 4~5년가량 가지고 있다가 파는 것이 좋다. 사람들은 새 것을 좋아한다. 입지가 우수하면 빌라라 해도 인기가 오래 가겠지만, 신축이 지어지면 수요자가 옮겨갈 수밖에 없다. 노후화가 진행되기 전에 판매하는 것이 여러모로 이익이다.

정확한 매도 시기는 전세 계약 시점으로 맞추는 것이 좋다. 전세입자를 새로 들이든, 연장 계약을 하든 매수자와 손발을 맞추기가 편리하다.

매도 시 세금은 중요한 관전 포인트이다. 1년 이내에 팔면 세금이 높아서 수익도 높지 않다. 최소 1년 이상은 가지고 있어야 한다.

여러 채를 매입한 경우는 임대 사업자를 활용해서 길게 가져가는 것도 좋다. 임대 사업자로 비과세 혜택을 보려면 최장 10년까지 임대해야 하는데, 의무 기간은 8년이다. 단기로 하면 4년도 보는데 전세 주기를 같이 맞춰서 매매하면 편리하다.

부동산 가격이 특히 주택 가격이 많이 올랐다고는 하지만 아직도 빌라는 상승 여력이 남아 있는 곳들이 많다. 서울 도심에서도 2,000만 ~3,000만 원만 있으면 투룸 짜리 빌라를 쉽게 구할 수 있다. 매매가격도 높지 않아 전세 갱신을 한 번만 해도 투자금 회수가 가능한 곳들도 있다. 큰 욕심을 내려놓고 접근한다면 종잣돈을 불리는 데 도움을 받을 수 있다.

❸ '실입주금 0원 투자'는 위험하다

빌라 투자에 대한 관심이 높아지면서 '실입주금 0원 투자'를 문의하는 투자자들도 늘고 있다. 나는 절대적으로 이런 투자는 하지 말라고 한다. 0원 투자는 절대 해서는 안 될 투자 중 하나다.

인터넷에 빌라를 검색하면 "서울에서 실투자금 1,000만~2,000만 원으로 내 집을 장만하세요"라는 광고를 쉽게 볼 수 있다. 여기에 전화를 하는 순간 타깃이 된다. 나 역시 시험 삼아 전화를 해본 적이 있다. 상담원은 "그 주택은 다 나갔고요, 다른 주택 있습니다"라며 비규제 지역의 빌라를 안내했다. 그리고 덧붙이기를 신축 빌라지만 세입자는 맞춰줄 수 있고, 서류를 몇 가지 챙겨오면 실투자금이 하나도 들지 않는다고 했다. 팔기 어려운 외곽지역의 주택을 처분하려 한다는 인상을 받고 전화를 끊었다.

그렇다면 실입주금 0원 투자는 어떻게 만들어질까? 생각보다 의외로 간단하다.

첫 번째는 매매가를 부풀린 계약서(가짜 계약서)를 만들어 최대한 대출을 받는다. 실재 매매가 2억 원짜리 빌라를 두고 2.5억 원짜리 계약서를 만들어 2억 원까지 대출을 일으키는 식이다. 외곽 지역에 있고 비교할만한 주택들이 없어서 시세를 제대로 평가할 수 없을 때 가능하다. 이렇게 실제 매매가까지 대출을 받으면 실입주금 0원이 가능하다.

두 번째는 매매가를 부풀린 계약서로 세입자에게 전세자금대출을 최대로 받게 해준다. 실제 매매가까지 전세자금을 받게 해주어 실입주금을 0원으로 맞춰준다. 실재 매매가 2억 원짜리 빌라를 두고 2.5억 원짜리 계약서를 만들어 세입자에게 전세자금대출을 2억 원까지 받게 해주는 식이다. 세입자에게 전세가를 일부러 높게 제시하고, 빌라 업자가 차액을 보상하거나 이자 비용을 대주는 곳도 있다. 시세 착시 현상이 일어난다.

이런 물건은 100% 위험한 물건이다. 보통 이런 주택들은 인근 구축과 5,000만 원에서 1억 원까지 차이가 난다. 현재는 신축 후광을 누리고 있지만 구축이 되는 순간 5,000만 원 이상 감가상각을 당해 매매가가 곤두박질친다. 물건 자체도 수도권 외곽 지역에 있어 되팔기가 어려운 주택들이다.

대출도 문제다. 비규제 지역에 대출을 높게 받으려면 제1금융권에서는 힘들다. 서울 외곽지역, 강원도, 지방에 있는 금융권에서 자금을 빌려와야 한다. 이러면 대출 이율이 높아진다. 하위 금융권 대출이라 금리가 높을 수밖에 없다.

정리하면 0원 투자 빌라는 입지 면에서 투자를 해선 안 되는 비인기 지역일 가능성이 매우 높다. 규제가 없는 비인기 지역에 시세 파악도 되지 않는 물건을 사서 투자를 한다는 발상은 말이 안 된다.

그나마 대세 상승장에서 집값이 올라주면 다행이다. 상승장이 꺾이거나 보합장이 시작되면 바로 문제가 발생한다. 세입자가 전세금을 빼달라고 해도 내줄 수가 없다. 대출 이자를 감당하지 못해 하우스푸어로 전락하고 집은 경매로 넘어간다.

부동산 계약은 '내가 잘못 알았다' 해도 되돌릴 수가 없다. 꼼꼼히 살펴야 한다. 빌라 업자들은 계약금을 적게 걸고 빨리 계약을 하도록 유도한다. 하지만 급할수록 돌아가야 한다. 마음이 동해도 "알겠습니다" 하고 입지와 물건 상태를 확인하는 과정을 거쳐야 한다. 시세를 정확히 파악한 이후에 접근해도 늦지 않다.

소액 투자가 좋다고 하지만 무조건 적게 들어간다고 좋은 투자는 아니다. 투자 물건은 상품성이 있어야 한다. 악성 재고를 두고 사는 투자자들의 스트레스는 이만저만이 아니다. 북풍한설 부는 날 한강에 가고 싶지 않으면, 매매하기 전 물건지부터 돌고 또 돌아보아야 한다.

내 집 마련 안전 투자의 대명사, 아파트

집은 꼭 필요한 재화다. 누구나 자가 혹은 임차를 강제로 선택할 수밖에 없다. 그중 아파트는 가장 큰 비중을 차지한다. 실거주자와 투자자가 혼재하지만 여전히 실거주가 더 높은 종목이 아파트다. 최근에는 이전에 없던 편리한 구조, 아파트 단지 내 각종 커뮤니티와 편의시설, 쾌적한 주변 환경은 새 아파트에 대한 수요를 폭발시키고 있다.

실거주가 많은 만큼 투자 면에서도 아파트는 가장 안정적인 종목이라 할 수 있다. 집을 마련해야 하는 신혼부부가 가장 선호하는 주거 형태이기도 하고 빌라나 단독주택, 다가구주택에서 아파트로 이동하는 가구도 많다. 입지가 좋은 곳을 장기적으로 가져간다면 시장의 흐름상 오를 수밖에 없는 구조이다.

문제는 수익률이다. 지난 3년 수익률을 살펴보면, 서울이지만 상승률이 15% 미만인 곳이 있는가 하면 경기도에 있으면서도 가격이 2배 이상 뛴 곳도 많다. 아파트는 미래가치가 현재가치를 월등히 압도하는 시장이다. 미래의 변화를 상상하고 현재에 저평가된 곳을 찾아야 한다. 개발 호재와 교통 호재를 가장 잘 받는 지역을 선점하길 권한다.

❶ 정보가 많다는 것은 경쟁자도 많다는 것

주택 시장에서 아파트는 월등히 높은 선호도를 보인다. 90년 이후 태어난 젊은 세대일수록 '주택=아파트' 공식이 고정관념처럼 박혀 있다. 마당이 있는 단독주택이나 다세대, 다가구 주택에 살고 싶어 하는 젊은이들은 많지 않다. 실제 20대에게 "어디서 살고 싶나?"를 물어보면 열에 여덟 이상은 '아파트'를 고른다. 그만큼 아파트는 주택 시장의 대표주자다. 덕분에 수요자가 많다. 좋은 아파트를 사고자 한다면, 대한민국 대부분의 사람들이 경쟁자라 해도 무방하다.

아파트는 한 마디로 오픈된 시장이다. 정보가 너무 많다. 부동산 앱 하나면 실거래가뿐 아니라 아파트 주변의 학군과 상권, 교통 호재들도 쉽게 확인할 수 있다. 아파트 단지도와 평형별 구조도까지 다 나와 있다. 집 구조를 파악하는 것도 쉽다. '성냥갑'이라고 한 만큼 통일성이 높아 보통 1~2곳만 보면 수백 개 집의 구조를 머릿속에 그릴 수 있다. 방향과 층수만으로 가격도 가늠할 수 있다. 대출도 주택 중에서는 가장 용이하다. 한국 사회에서 아파트는 누구나 알아주는 안전자산이다. 규제만 없다면 최대 60%까지 가능하다.

하지만 아파트의 이러한 장점에도 불구하고 일확천금을 기대하기는 어렵다. 오픈 시장의 장점 때문에 경쟁이 치열하다. 게다가 2020년 주택 시장에는 "이미 오를 만큼 올랐다"라는 인식이 팽배하다. 물가상승률 이상으로 오르는 것은 기대할 수 있지만 실거주성만 따져서는 높은 투자 수익률을 기대하기 어렵다.

아파트에서 수익률을 높이는 방법은 미래가치에 집중하는 것이다. 현재는 가격 평가가 미미하지만 앞으로 좋아질 요소가 많아서 가격이 상승할 것으로 판단되는 곳을 사야 한다. 주식처럼 가치투자로 접근할 필요가 있다. 투자자 입장에서는 차후에 나올 수 있는 제도나 공급량의 변화를 미리 감지하는 노력도 필요하다. 규제가 계속되면 투자의 불확실성은 높아질 수밖에 없지만, 남보다 한 발짝 먼저 알고 반 발짝만 빨리 움직여도 틈새시장에서 큰 기회를 만날 수도 있을 것이다.

❷ 내 집 마련부터 똘똘하게 시작하라

가끔 '집도 없으면서' 투자 운운하는 이들을 만날 때가 있다.

> "당신은 부동산 투자 이야기를 꺼낼 자격이 없다."

나는 대놓고 이야기한다. 집이 없다면 당장 집부터 사야 한다. 고가 주택을 매수하거나 자산을 뺑튀기해 줄 곳을 찾아서 매수하라는 말이 아니다. 인플레이션 위험을 상쇄시키고 주거 안정성을 확보할 수 있는 집은 반드시 필요하다. 시기는 상관없다. 자신의 능력과 대출을 최대로 활용해 가장 좋은 것을 사면 된다.

현실에서 집을 사는 사람들은 '지금 살 것'인가 '나중에 살 것'인가를 두고 고민한다.

지금 집을 사는 사람들은 종잣돈을 짧게 모은 후 대출을 최대화한다. 나중에 집을 사는 사람들은 대출을 최소화하기 위해 종잣돈을 오래 모은다. 당신이 만일 후자라면 2부를 다시 읽고 오라. 집은 돈을 모아서 사는 것이라는 고정관념부터 깨야 한다. 집을 먼저 사고 돈은 다음에 모으는 것이다.

평생 무주택자로 살다가 죽을 것이 아니라면, 어차피 사야할 거라면, 내일보다는 오늘이 낫다. 이유는 간단하다. 앞서 입이 아프도록 이야기한 것처럼, 돈을 모으는 속도보다 집값이 더 빠르게 오르기 때문이다. 종잣돈을 크게 모은다고 욕심을 내면 낼수록 시간도 버리고 돈도 버리는 결과가 나온다. 수십 년간 부동산 시장에서 보아온 바에 의하면, 내 집 마련을 빨리하면 할수록 자산을 키우는 것도 빨랐다.

“그래도 하락장에서는 기다리는 게 낫지 않을까요?”

집값이 떨어지는 것이 보인다면 이렇게 생각할 수도 있다. 그러나 좀 더 깊이 생각해보자. 처음으로 내 집을 마련하는 상황이라면 가진 돈이 많지 않을 것이다. 자본금이 적은 상태에서 대출을 받아서 아파트를 산다면 서울 중위 가격의 아파트를 사기는 역부족이다. 2020년 기준으로 첫 집은 4억~6억 원대 아파트를 구입하는 것이 일반적이다. 이 정도 가격이라면 하락장에서도 떨어질 확률이 높지 않다. 하락장에서 많이 떨어지는 주택은 고가주택들이다. 저가일수록 하방 지지선을 유지한다. 떨어진다 해도 금액이 크지 않다. 짧은 하락 구간을 마치면 긴 상승 구간에서 충분히 만회하고도 남을 수준이다. 결론적으로 지금 사도 후회할 일은 없다.

그럼 어떻게 생애 첫 집을 장만해야 할까? 키포인트는 자신이 활용할 수 있는 가용자금과 대출금을 최대한 활용해서 가능한 최상의 물건을 사는 것이다. 현재 부담 없이 갈 수 있는 곳이 아니라, 다음에 돈을 모아서 가려고 했던 그곳에 먼저 가는 것이 중요하다.

최근의 상담 사례를 살펴보자.

의뢰인은 보유금이 2억 원 정도인 예비부부였다. 부부는 대출금을 3억 원 이하로 받아서 서울에 있는 최대 6억 원 이하의 아파트를 구입하고자 했다. 나는 이야기를 듣고 예비부부가 좀 달리 보였다. 한국주택금융공사에서 제공하는 보금자리론을 사용해서 6억 원 이하 아파트를 사겠다는 명확한 기준을 세운 예비부부의 현명함을 칭찬하지 않을 수 없었다.

서울은 투기과열지구이기 때문에 1세대 1주택이라도 대출이 40% 밖에 나오지 않는다. 예외적으로 보금자리론은 70% 최대 3억 원까지 받을 수 있다. 대출을 많이 해주는 만큼 보금자리론은 자격 요건이 다소 까다롭다. 매수 주택이 6억 원 이하여야 하고 부부합산 소득도 7,000만 원 이하여야 한다. 면적은 국민주택인 85㎡ 아래여야 한다. 예비부부는 이 내용도 꼼꼼히 숙지하고 있었다.

나와 부부는 서울 지도를 펴놓고 요건에 맞는 물건을 찾아보았다. 사실 6억 원으로는 서울에서 신축 아파트를 사기는 어렵다. 중위 가격이 9억 원대이기 때문에 6억 원 이하면 저렴한 아파트들도 골라야 한다. 때문에 구축으로 좁혀 보기로 했다. 나는 여의도와 광화문 출퇴근을 고려하고 추후 교통 호재와 개발 호재가 있는 동대문구 답십리의 아파트를 소개해 주었다. 예비부부는 임장 후 세대수는 작지만 주거벨트라인이 커서 주변의 대단지 아파트와 동반 상승이 기대되는 곳에 첫 집을 장만했다.

바둑을 하다 보면 첫돌을 잘 놓아서 두 번째 돌, 세 번째 돌을 고민 없이 놓게 되는 경우가 흔하다. 아파트를 사는 것도 첫 집을 잘 사두면 이후가 훨씬 쉬워진다.

❸ 누가 내 집에 살게 될지를 고민하라

이제 본격적으로 투자처로서 아파트에 대해 알아보자.

투자의 기본은 내가 물건을 사서 다시 파는 것이다. 누군가 사주어야 이익이 실현된다. 그 누군가가 정말 누구일지, 사기 전부터 고민해야 한다. 아파트를 사는 구매자가 어떤 사람인지 안다면 수요자가 많은 물건이 어떤 것인지도 알 수 있다.

'그렇다면 누가 나의 아파트를 사줄까?'

아파트 투자에서 타깃으로 하는 구매자는 투자자가 아니다. 실수요자들이다. 실수요자가 많은 곳일수록 투자자도 많이 몰린다. 아파트의 실수요자들이 몰리는 그곳을 사야 한다.

기본으로 돌아가 보자. 아파트는 누구를 위한 공간인가? 부부와 가족으로 구성된 가족들을 주 타깃으로 만들어졌다. 부부끼리만 살 때는 아파트가 아니어도 살 곳이 많다. 특히 맞벌이 신혼부부는 집을 구할 때 직주근접이 가장 우선시 된다. 교통 여건만 좋으면 주변 환경에는 크게 구애받지 않는다.

처음으로 아파트라는 주거 환경을 고려하게 될 때는 보통 아이가 생기고 나서다. 조사에 따르면 생애 처음으로 집을 장만하는 평균 나

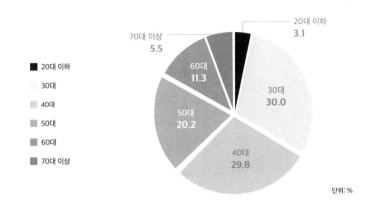

2019년도 서울 아파트 매입자 연령대별 구매 비중

- 20대 이하
- 30대
- 40대
- 50대
- 60대
- 70대 이상

20대 이하
3.1

30대
30.0

40대
29.8

50대
20.2

60대
11.3

70대 이상
5.5

단위: %

출처: 한국감정원

이는 43세이다. 30대 중후반에 결혼한 부부가 첫째 아이를 초등학교에 보내는 시기와 일치한다.

이때부터 부부는 이전에는 거들떠보지 않던 것들을 살피기 시작한다. 학교와 학군, 유해 환경 여부, 주민들의 경제력 등등을 다 고려하게 된다. 부부에게 '꼭 아파트로 가야 한다'는 열망이 생길 때도 보통 아이가 초등학교에 입학할 시즌이다. 이들이 고려하는 요건을 잘 갖춘 아파트일수록 인기가 높고 꾸준히 수요자가 몰리는 곳이라 할 수 있다.

학군은 가장 중요한 점검 사항이다. 과거에는 부모의 직장을 따라 전학을 다니는 아이들이 많았다. 그러나 요즘은 전학이 아이들뿐만 아니라 부모들에게도 큰 스트레스이다. 이왕이면 전학을 보내지 않고 좋은 환경에서 오래 살 곳을 찾는다. 첫 집을 장만하는 시기에 필요한 집은 초등학교, 중학교, 고등학교를 한 지역에서 보낼 수 있는 집이다. 거기에 학군까지 좋다면 부모들이 원하는 1급지가 된다.

　지역은 부부의 통근 시간을 기준으로 찾는다. 이왕이면 물리적 거리가 가까우면 좋겠지만 직주 근접지는 가격이 만만치 않다. 서울에서 중심 업무지구는 여의도와 강남 그리고 서울시청 인근이다. 이 근처 아파트는 최소 10억 원 이상이다. 이를 감당할 수 없는 가족이 차선으로 선택하는 곳은 교통 여건이 좋은 곳들이다. 고속도로나 지하철 급행을 이용해 환승을 하지 않고도 출퇴근을 할 수 있다면 최소 2급지는 된다.

　평형은 32평이 가장 무난하지만, 24평까지도 괜찮다. 4~5인 가족에게 가장 인기가 높은 아파트 평형은 32평형이다. 부부와 아이들로 구성된 가족들이 살기에 가장 적합한 크기다. 하지만 최근에는 가족 수가 줄고, 아파트 가격도 많이 올라 24평형을 선호하는 가구들도 늘고 있다. 특히 10년 안쪽으로 지어진 집들은 24평형에도 욕실이 2개 있어서 아이들과 사는 데 큰 어려움이 없다.

　환경면에서는 먼저 유해 시설이 없는지를 살핀다. 다음으로 쇼핑을 위한 동선이나 은행과 관공서를 다니는 동선, 아이들이 상가나 학원을 이용하는 동선을 따져본다. 예전에는 상업 지구가 잘 발달된 곳 인근은 소음과 먼지가 많다고 해서 꺼려했으나 요즘은 다르다. 가까울수록 편리하다. 단지 앞에 편의점이 있는 것을 보고 아파트를 고르는 이들도 있다고 하니 한 번쯤 눈여겨 살펴봄직하다.

❹ 상승기에는 하락장을 대비해야 한다

실거주와 달리 투자는 흐름을 보아야 한다. 아파트 투자는 바로 수익이 나오는 경우가 흔치 않다. 전세를 활용해 시세차익을 노리는 경우가 대부분이다. 자연스럽게 장기적인 투자가 된다.

만일 단기에 고수익을 기대한다면 '투기'라 봐도 무방할 정도로 위험을 감수해야 한다. 2~3년 단기로 가는 투자는 대부분 '몰빵'이다. 가진 돈이 다 들어간다. 강남 같이 가격이 높은 곳에 투자를 하면 7억~8억 원 정도가 들어간다. 현찰을 쥐고 있기가 어렵다. 이런 투자는 리스크가 크다. 크게 차익이 생기면 좋겠지만 떨어질 때도 생각을 해야 한다. 불확실성에 노출되는 만큼 실패할 확률도 높다.

최근 상승장에서 서울과 수도권 대부분의 부동산 가격이 올랐다. 이만큼 또 가격이 올라갈 것이라고 하는 것은 상당히 위험한 생각이다. 특히 상승장에서 집을 산 사람들은 들뜬 마음을 내려놓아야 한다. 내 집 마련을 했고, 집값도 올랐기 때문에 '내가 성공했다', '내가 현명했다'라고 자만하는 마음이 생긴다. 다음 장이 어찌 될 줄 모르고 갭투자에 뛰어들기도 한다. 하락장에서 내 집 마련이 아닌 갭투자는 매우 위험하다.

수익은 팔았을 때 나온다. 살고 있는 집은 올라도 오른 게 아니다. 팔아야만 손에 돈을 쥘 수 있다. 그런데 실수요자는 그 돈을 다른 데 쓸 수가 없다. 다시 집을 장만해야 한다. 평생 무주택자로 살 생각이 아니라면 벌어도 번 게 아니다. 2020년 초반 장은 갈아타기 수요도 어느 정도 마친 상황이다. 이 상황에 발을 넣어 갭투자를 한다는 것은 추격매수밖에 안 된다. 기다리다가 가격이 안 올라서 손해만 보다가 매도하는 투자자도 있다. 이후에 가격이 오르면 그것만큼 사람 미치게 하는 게 없다. 저평가라고 판단하면 오랫동안 가지고 갈 생각을 해야 한다. 저평가된 부동산의 진면목을 보는 길은 장기 투자밖에 없다.

투자는 저평가된 부동산을 찾아서 어느 정도 가치를 인정받는 순간에 비싸게 매도하는 것이다. 가격 움직임이 없고 보합 수준에서 구입을 하는 것도 망설여야 한다. 부동산 하락장에서는 낙폭이 매우 크다. 하락장에서는 정부에서도 할 수 있는 게 없다. 정부의 규제는 대부분 상승장에 맞춰져 있다. 전월세 상한제도 상승장에서 세입자를 보호하는 규제이다. 그런데 하락장에는 전월세자를 보호할 대책에 별로 없다. 투자자가 하우스푸어가 되면 세입자까지 피해를 본다.

초보자들은 확신을 가지고 가치를 선점하기 위해 초반 장에 들어가는 것이 어렵다. 상승을 확인하고 나서 들어가는 편이 안전하다고 생각한다. 하지만 이 방법이 추격매수로 이어지면 고점에서 물리거나 매도 직전 조정이 와서 몇 년간 고통스런 경험을 하기도 한다. 하락장이 시작될 때는 한 템포 쉬어가는 여유를 가져야 한다.

아파트 투자는 장기전이다. 개발 정보를 미리 파악해 수요자들의 이동을 감지하는 능력이 있으면 최상이다. 교통 편의성이 개선되는 것처럼 향후 좋아질 지역의 가치를 선점하는 것이 관건이다. 그러나 하락장에서는 두드려 보고 건너는 것이 안전하다.

입지가 성공을 보장하는
오피스텔

먼저 잘 모르는 오피스텔의 장점을 하나 소개하고 가자.

주택용 오피스텔은 보유하고 있어도 무주택 자격을 유지할 수 있다. 오피스텔은 세금을 낼 때는 주택 수에 포함되지만, 아파트 청약에서는 주택 수에 포함되지 않는다. 청약점수를 모으면서 투자도 할 수 있는 만큼 싱글이나 신혼부부에게 알맞은 투자 종목이라 할 수 있다.

물론 투자를 하기 전에는 잘 알아야 한다. 오피스텔은 부동산 상품으로 역사가 제일 짧다고 할 수 있다. 2010년 이전의 오피스텔은 주로 업무용이었다. 주거용 오피스텔은 2010년 이후에 시작됐다. 전에는 사무용인지 주거용인지 애매해서 사용이 불편한 곳이 많았는데, 이후로 지어진 오피스텔은 화장실과 주방을 완벽하게 갖추어 주거용으로도 손색이 없다.

이후부터 오피스텔은 소액 투자처로 각광을 받기 시작했다. 최근 '오피스텔 포화', '오피스텔 끝물' 이야기가 나오기 전까지만 해도 '제2의 월급을 받을 수 있는 상품'이라며 오피스텔을 찾는 투자자들이 많았다.

그러나 최근 투자자들 사이에서는 오피스텔에 대한 부정적인 평가가 많다. 사석에서도 그렇고 방송에서도 그렇고 오피스텔 투자를 말린다. 여기서 나는 한번 묻고 싶다. "직접 투자를 해보고 이야기하는 겁니까?" 내가 본 바로는 대부분 안 해보고 "하면 망한다"라고 한다. 이런 막말은 반은 맞고 반은 틀린다. 타이밍과 방법을 잘못 맞춰 투자하면 나쁜 결과가 나오는 것이 사실이고, 이와 반대로 적절한 타이밍에 자신 있는 종목에 투자하면 성공하기 마련이다. 이처럼 나에게 맞는 투자법을 파악하고 성공률을 올리는 것이 중요하다.

❶ 망할 수밖에 없는 오피스텔 투자를 피하려면

흔히 오피스텔은 월세만 받을 뿐이라고 생각한다. 시세차익은 볼 수 없고, 건물은 해마다 노후가 되니 감가상각을 빼고 나면 벌어도 번 게 아니라고 한다. 그러나 이는 피해야 할 지역에 잘못 투자했을 때 이야기다. 2018년 오피스텔 동향을 살펴보면 양천구는 8% 이상 올랐다. 망하는 투자처만 골라내면 소액으로도 제2의 월급통장이라고 불리는 '월세 수입'에 '시세차익'까지 볼 수 있다.

그럼 반드시 피해야 할 오피스텔에 대해 알아보자.

첫 번째는 택지 개발 지구의 오피스텔들이다. 이제 공급되기 시작한 택지 개발 지구에는 오피스텔 물량이 쏟아진다. 싸다고 잡았다가는 바로 후회할 날이 찾아온다. 오피스텔의 입지를 살펴보면 도심의 상업

전국 오피스텔 입주물량 및 임대수익률 추이

단위: 만 원

전국 임대수익률(%)

6.34 6.19 5.91 5.84 5.75 5.63 5.46 5.23 5.07 4.98 4.97

2009년 '10 '11 '12 '13 '14 '15 '16 '17 '18 '19

출처: 부동산114

지나 준 주거지에 들어서는 게 있고, 택지 개발 지구의 상업용지나 자족용지에 들어서는 것들이 있다. 택지 개발 지구의 오피스텔보다는 도심의 상업지나 준 주거지의 오피스텔이 월등히 낫다.

모든 상품은 공급이 많으면 가격이 떨어진다. 그런데 서울과 같은 도심에서는 땅값이 비싸서 오피스텔을 추가적으로 공급하기가 어렵다. 이에 반해 수도권에 모여 있는 택지 개발 지구에서는 신규 오피스텔이 많이 쏟아진다.

애초에 도시가 계획되고 개발 용지가 분양될 때는 용도가 정해져 나온다. 그런데 잘 팔리지 않는다. 이때 팔리지 않는 땅을 오피스텔 공급 업체들이 저렴하게 사들여 오피스텔을 공급한다. 예를 들어 강남 인근의 택지지구가 개발될 때 오피스텔 분양도 매우 많았다. 땅값이 낮았기 때문에 분양가도 매우 저렴하게 느껴졌다. 하지만 오피스텔 분양업체에서 소개하는 높은 임대가와 수익률에 현혹되어서는 안 된다. 여기에 혹해서 분양을 받으면 그때부터 바늘방석이 시작되는 것이다.

전형적인 베드타운인 대규모 택지지구를 보면 주거용 오피스텔의 경쟁자는 오피스텔뿐이 아니다. 택지지구에 있는 수많은 아파트와 경쟁해야 한다. 직주근접이 되지 않고 교통도 좋지 않은 택지지구에서 굳이 오피스텔을 찾을 사람은 없다. 공실이 생기면 월세는 물론 매매가도 곤두박질친다.

택지 개발 지구에서 오피스텔을 구입해도 좋은 시기는 초반뿐이다. 도시 계획 초기 최초분양분으로 가져갈 경우는 그나마 이익을 볼 수 있다. 하지만 뒤로 갈수록 시간에 비례해 수익률은 떨어지고 감가상각도 피할 수 없는 상황이 된다.

다음으로 피해야 할 오피스텔은 연식이 오래된 오피스텔이다. 시장을 돌아다녀 보면 가격은 생각했던 수준인데 수익률이 7~8%로 높게 나오는 오피스텔이 종종 보인다. 과거 실거래가를 살펴봐도 가격이 특별히 떨어진 적은 없었다. 투자자는 이 상태가 안정적이라고 생각해 구매를 결심하게 된다. 하지만 수익률이 높고 가격도 일정한 오피스텔에도 리스크가 있다. 바로 '공실'이다.

수익형 부동산에서 공실은 최대의 악재다. 몇 달만 공실이 나도 수익률은 곤두박질친다. 그런데 오래된 오피스텔들은 기본적으로 공실이 많다. 주변에 신축은 늘어나는데 낙후된 시설은 나아지지 않으니 공실이 있을 수밖에 없다. 그럼에도 월세는 주변 시세와 비슷하게 맞추니 수익률 면에서는 정점을 찍는다. 그야말로 앞으로 남고 뒤로 밑지는 장사가 된다.

만일 오피스텔의 입지가 일반 주택 재개발 지역이거나 연식이 아주 오래됐다면 재건축을 노려볼 수도 있다. 하지만 보통 오피스텔은 상업용지에 지어지는 데다, 상업용 건물들이 모여 있는 곳의 건축물들은 재건축이 어렵다. 새 건물에 계속 치이다 보면 수익률이 떨어지는 것은 물론 매도도 어려워 애물단지가 되기 십상이다.

마지막으로 피해야 할 오피스텔은 대형 평수다. 사실 요즘은 대형 오피스텔도 인기가 많다. 건설업자들도 적극적으로 홍보를 한다. 아파트에 비해 저렴한 가격대, 넓은 평형, 서비스 내용 등을 강조한다. 투자자들조차 자신이 들어가 살아도 좋을 것 같다고 생각하는 오피스텔도 많이 있다. 실제 살고 있는 입주민들의 만족도 높다. 하지만 딱 거기까지다. 입주민에게 "그럼 구매하는 건 어떠세요?"라고 물어도 "오피스텔 투자는 하는 게 아니라는데…."라는 대답을 듣기 일쑤다. 오피스텔 투자에 대한 부정적인 시각을 깨기가 어려운데다 덩치까지 크기 때문에 매매가 어렵다. 결과적으로 대형 평수는 환금성 면에서 떨어진다. 굳이 남이 사주지 않는 물건을 골라 살 필요는 없다.

덧붙여 이왕이면 투자할 땐 원룸과 복층은 피하기를 권한다. 내가 대학생 때만 해도 돈이 없으면 친구들끼리 뭉쳐서 자취를 했다. 원룸을 얻어서 같이 살기도 했다. 하지만 요즘 세대들은 우리 때와 또 다르다. 돈이 들더라도 각자 독립된 공간에서 살기를 원한다. 그리고 이왕이면 넓은 곳을 좋아한다. 원룸은 이들에게도 매우 좁은 공간이다. 요즘은 혼자 살아도 투룸을 선호한다. 방 하나에 옷을 넣어두고 침실은 따로 써야 한다고 생각한다. 원룸은 혼자 사는 사람밖에 수요가 없지만 투룸은 2인까지도 수요자로 볼 수 있다. 신혼부부에 아이 하나 정도까지도 입주가 가능하다. 교차 수요를 늘리는 면에서 원룸보다는 투룸 이상이 낫다.

복층 오피스텔은 한때 젊은이들의 로망이었지만 직접 살아본 사람들의 평가가 입소문으로 퍼지면서 수요가 줄고 있다. 물론 처음 복층 원룸이 인기를 끌게 된 것은 실수요자들의 높은 선호도 때문이었다. 천고가 높아 공간감이 극대화되고 상하로 공간을 분리할 수 있다. 수납공간 및 집기의 배치가 자유로운 장점도 있다. 투자자 역시 일반적인 평면 주택보다 높은 임대 수익을 기대할 수 있어 시행자 입장에서는 추가 인테리어 비용만으로 분양가를 올릴 수 있어 공급 물량이 많았다. 그러나 점차 그 인기는 사그라들고 있다. 왜냐하면 실수요자들의 불만족 때문이다. 복층 오피스텔은 완벽한 2층 구조가 아니다. 보통 작은 원룸에 서비스 면적을 넓히기 위해 복층 시공을 한다. 수면실이나 창고로 요긴하게 쓰일 것처럼 보인다. 하지만 살아보면 만족도가 높지 않다. 건축법에 명시된 다락의 높이 제한은 1.5m로 성인이 서 있기 힘든 구조이다. 활동범위에 만족을 주지 못한다. 가파른 계단을 오가면서 안전상의 문제도 생긴다. 층고가 높아 냉난방비가 많이 드는 것도 불만 요소이다. 오피스텔은 고질적으로 환기가 어려운 구조인데 층고까지 높아지면서 환기가 더 어려워졌다. 건축법상 불법으로 복층 시공이 된 곳도 있어 문제가 된다. 실수요자들의 불만이 높아지고 있는 만큼 일부러 복층을 구입하지는 말아야 한다.

❷ 꼬박꼬박 월세에 매도차익까지 얻는 성공 투자 공식

오피스텔 투자는 기본 공식이 정해진 편이다. 피할 것은 피하고 기본 공식만 잘 따르면 월세 수익에 매도차익까지 얻을 수 있다.

그렇다면 입지와 공실, 준공연도, 전세가율을 기준으로 괜찮은 오피스텔을 찾는 법을 알아보자.

오피스텔에서 입지는 상품성 그 자체라 해도 과언이 아니다. 입지의 중요성은 모든 부동산에 적용되지만 특히 오피스텔은 그 중요도가 더 높다. 최우선 입지에 들어선 오피스텔은 신규 오피스텔이 들어와도 가격이 떨어지지 않고 노후가 진행돼도 여러모로 방어가 된다.

오피스텔의 입지는 업무지와 가깝고 상업지를 끼고 있는 역세권이 최고다. 아이가 있는 가족은 오피스텔을 찾지 않는다. 오피스텔 거주자들은 싱글 혹은 신혼부부다. 때문에 직장과 가까이 있거나 지하철역이 가까이 있어서 출퇴근이 쉽고, 생활이 편리한 걸 가장 중요하게 생각한다. 그 기준에 부합하는 곳이 역세권이다. 보통 역세권 주변은 상권이 발달하고 유동인구가 많기 때문에 직주 근접만 된다면 대부분 무난하다.

그렇다면 역세권의 기준은 무엇일까? 서울시정개발연구원에서는 지하철역에서 반경 540m 이내, 도보로 7~8분 거리를 역세권이라 규정했다. 역세권으로서 가치를 인정받고 가격 상승을 기대할 수 있는 최대 범위라고 생각하면 된다.

다음으로 중요한 것은 공실률이다. 오피스텔 투자를 할 때 많은 투자자들은 월세가 얼마인지에 집착한다. 하지만 그보다 앞서 공실률을 따져야 한다는 걸 모른다. 공실률은 오피스텔 투자에 있어 가장 중요

[역세권의 범위]

간접역세권
직접역세권
철도역
200~500m이내
500~1,000m이내

[역세권의 범위에 따른 특징]

구분	범위	도입시설
철도 부지	철도역사	역전광장, 역사관련 부대시설, 주 차장 및 환승시설
직접 역세권	반경 200~500m이내 (도보 5~10분 이내)	상업·업무·주거기능의 복합용도
간접 역세권	반경 500m~1,000m 이내 (도보 10분 이상)	타 교통수단을 활용하여 이용하는 권역 주거지역 중심, 위성도시

한 점검 사항이다.

아무리 소액 투자라도 대부분의 투자는 대출을 활용한다. 투자할 때 이미 예상 수익률이 정해진다. 그런데 세입자가 나가고 바로 세입자를 구하지 못해 1~2달 공실이 나면 수익의 밸런스가 무너진다. 수익만 주는 게 아니다. 일반 주택보다 비싼 관리비까지 지불해야 한다. 대출 이자에 원금에 관리비까지 빠져나가고 나면 '이걸 계속해야 하나?' 하는 생각까지 든다.

안전한 투자를 위해서는 미래의 공실률도 잘 따져보고 들어가야 한다. 오늘 경쟁가가 없다고 해서 내일의 경쟁자도 없으리라는 상상은 금물이다. 현재의 공실률 확인 못지않게 미래의 공실률 체크도 중요하다. 현재는 땅값이 비싸서 추가적인 오피스텔 공급이 없을 수 있지만, 개발 호재가 나오고 지역의 가치가 올라가면 오피스텔 공급도 이루어질 수 있다. 물론 개발 호재가 나오면 내가 가진 부동산의 가치도 높아진다고 할 수 있지만 오피스텔은 새것이 주는 메리트가 높은 종목이다. 수요자들이 새 오피스텔로 몰리면 공실은 당연한 수순이다.

공실률을 체크하는 방법은 비교적 간단하다. 요즘은 부동산 앱에서도 확인할 수 있다. 아니면 가까운 공인중개사 사무실을 방문해도 된다. 이왕 방문을 했다면 개발호재는 없는지 오피스텔이 추가로 지어질 예정은 없는지도 꼼꼼히 체크한다.

다음으로 젊은 오피스텔을 골라야 한다. 오피스텔은 오래될수록 공실률이 높아진다. 가장 좋은 조건은 준공 이후 3~5년 정도이다. 하지만 여기에 기준을 맞추면 투자 상품을 고르기가 어려울 수 있다. 개인적으로는 2010년 이후 준공된 오피스텔을 고르는 것을 기준으로 삼고 있다. 2010년 이전에는 주거용인지 업무용인지 구분이 애매했다. 심지어 오피스텔 중에 주거 기반 시설이 없는 곳도 많다. 이런 시설은 대체 주택으로 월세를 받기 적합하지 않다. 특히 월세를 받다가 어느 정도 시일이 흐른 후 매도를 할 생각이라면 10년 이상 된 물건은 피해야 한다. 오피스텔은 용적률이 높은 곳에 지어지기 때문에 재건축을 해도 사업성이 거의 없다. 젊은 오피스텔을 골라 중년으로 넘어가기 전에 매도하는 것이 안정적이다.

그렇다면 최초 분양 오피스텔은 어떨까? 새 것이라고 마냥 좋지는 않다. 신규로 분양하는 오피스텔은 여러 가지를 살펴서 사야한다.

보통 오피스텔이 준공되면 보통 수백 개의 매물이 한꺼번에 쏟아진다. 지역이 신규 택지지구라면 월세를 맞추기도 쉽지 않다. 시흥시의 배곧, 김포시의 운양, 하남시의 미사나 위례, 인천시의 청라 등 신도시에 오피스텔이 대규모로 공급됐을 때도 그러했다. 설령 역세권이라도 수요가 파악되지 않은 곳에 만들어진 신규 오피스텔은 수익을 내기 어려운 구조에 있다. 젊은 오피스텔이 좋지만 신규 물량은 신중하게 접근해야 한다.

마지막으로 전세가율이 높은 지역을 권한다. 전세가율이 높다는 것은 그만큼 수요가 탄탄하다는 이야기다. 그리고 현재 가격이 저평가돼 있다는 증거이기도 하다. 전세가가 완만한 곡선을 그리는 곳은 완정된 수익과 시세 차익을 가져갈 수 있다.

보통 전세가율이 높은 곳은 상업지역에 많은데 상대적으로 주거시설은 많지 않은 곳들이다. 대표적으로 서울의 종로나 중구, 구로구 쪽이다. 이들 지역은 오래된 상업시설이 많고 다른 지역에 비해서 개발호재도 적다. 개발이 더뎌서 신규 오피스텔을 공급하는 데도 어려움이 많다. 따라서 당분간은 추가 공급이 없다. 풍부한 직장인 수요를 바탕으로 공실 걱정 없이 월세를 받을 수 있을 것으로 보인다.

❸ 일반 임대 사업자 vs. 주택임대 사업자, 알고 선택하자

세금은 오피스텔 투자를 고민하게 하는 복병 중 하나다.

신규 오피스텔을 분양 받은 뒤 빠른 매도를 원한다면, 전매로 분양권을 양도하는 것이 나을 정도로 취등록세와 양도세 부담이 크다.

일례로 1억 원짜리 오피스텔을 구입하면 취등록세만 460만 원이 나간다. 등기비용도 50만 원 정도 든다. 초기 비용으로 1년 치 수익 이상이 들어간다. 팔 때는 부가가치세와 양도소득세를 내야 한다. 양도소득세는 주거용과 업무용의 계산 방법이 다른데 복잡하고 번거로운 과정을 거쳐야 양도 차액을 제대로 확인할 수 있다.

주택임대 사업자 vs. 일반 임대 사업자 비교

구분	주택임대 사업자	일반 임대 사업자	비고
재산세	전용 40㎡ 이하 100% 면제 전용 60㎡ 이하 50% 감면 전용 85㎡ 이하 25% 감면	연간 0.25% 부과	[주택임대 사업자] — 임대목적 2세대 이상 4년 이상 보유시 — 2021년 12월까지
취득세	전용면적 60㎡ 이하 면제	4.6% 부과	[주택임대 사업자] — 최초(신규) 분양주택에 한해 주택임대사업자 등록 시 취득세 200만 원 이하 면제, 200만 원 초과 시 85% 면제(전용면적 60㎡ 이하 면제) — 임대목적 1세대 이상 4년 이상 보유시 — 2021년 12월까지
종합부동산세	합산배제 신청시 비과세	종부세 대상 배제	[주택임대 사업자] — 전용 149㎡ 이하 임대목적 2세대 이상 5년 이상 보유시 — 과세기준일 현재 6억 원 이하
부가가치세	환급 불가	환급 가능	
양도소득세	양도차액에 따라 6~38% 차등 과세		[주택임대 사업자] — 6년 이상 임대시 장기보유특별공제율 20~70% 적용
기타	— 월세소득 부가세 의무 無 — 전입신고 가능	— 월세소득 부가세 부과 — 전입신고 불가	— **주택임대 사업자**: 의무기간 4년 — **일반 임대 사업자**: 의무기간 10년, 포괄양도 가능(계약당사자 모두 일반과세자일 경우)

그렇다면 오피스텔 구매에 필요한 사업자는 어떻게 해야 할까?

'일반 임대 사업자로 할 것인가, 주택임대 사업자로 할 것인가?'

고민이 된다. 예상 차익과 투자 기간, 세금 발생 내역 등을 바탕으로 실익을 잘 따져서 선택해야 한다. 얼마 전까지는 부가세 환급을 받기 위해 일반 임대 사업자로 등록을 하는 경우가 대부분이었다. 하지만 최근에는 여러 가지 혜택 때문에 주택임대 사업자 등록도 늘고 있다.

업무용 오피스텔에 투자한다면 당연히 일반 임대 사업자로 등록을 해야 한다. 일반 임대 사업자 등록을 하면 대출을 많이 받을 수 있고 부가세 환급도 가능하다. 상업용 부동산은 대출이 많이 나온다. 부가가치세를 돌려받으면 들어가는 돈이 줄어든다. 소자본으로도 투자가 가능해진다. 이처럼 일반 임대 사업자는 투자금 면에서 이익이 많아 보인다. 하지만 단점도 있다. 일반 임대 사업자 등록을 하면 해당 물건에 사업자 등록이 가능한 임차인만 받을 수 있다. 주택이 아니기 때문에 임차인이 전입신고를 할 수 없다. 만일 임차인이 전입신고를 하게 되면 임대인은 자신도 모르는 사이에 주택 1개가 추가되고, 환급받은 부가가치세도 토해내야 한다.

분양업자 중에는 부가세 환급을 위해 일반 임대 사업자를 내도록 유도하는 경우도 있는데, 자칫 임차인이 일반 주택 용도로 들어와 전입신고를 하게 되면 여러 가지 골치 아픈 일이 벌어진다.

일반 임대 사업자의 오피스텔 매매는 보통 '포괄 양도양수 계약'으로 이루어진다. 포괄 양도양수 계약을 하면 매입 후 10년 이내 양도한 경우라도 부가가치세가 추징되지 않는다. 그러나 반대로 포괄 양도양수 계약이 이루어지지 않으면 역시나 부가가치세를 토해내야 한다. 양도소득세는 시세 차익에 따라 6~42%까지 일반 세율이 적용된다.

이와 달리 주거용 오피스텔은 주택임대 사업자 등록이 가능하다. 업무용 오피스텔과 달리 임차인이 주거지로 사용할 수 있고 전입신고도 가능하다.

주택임대 사업자 등록의 장점은 취득세 감면이다. 오피스텔은 취득세가 4.6%로 높다. 주거용 오피스텔의 경우 주택임대 사업자 등록을 하면 면적에 따라 최대 85%까지 취득세를 감면받을 수 있다. 장기보유특별공제도 받을 수 있다. 그러나 의무 임대 기간을 채우지 못하면 과태료를 내야 한다. 포괄 양도양수 계약으로 매도를 하게 되면 채우지 못한 의무 임대 기간을 매도인이 채워야 한다.

매도 시에는 일반 임대 사업자와 달리 부가가치세를 염려할 필요가 없다. 매수시기에 이미 납부했기 때문에 고려할 여지가 없다. 다만 주의할 점이 있는데 잔금을 치루기 전에 반드시 양도신고를 해야 한다는 것이다. 사업자 말소신고도 마찬가지다. 시기를 놓치면 과태료를 내게 되므로 일정을 잘 확인해야 한다.

주거용 오피스텔의 양도소득세 계산은 다소 복잡하다. 소유자가 다른 주택을 보유하고 있는지, 몇 채를 보유하고 있는지에 따라 세율이 달라진다.

정부에서는 2018년 9월 13일 이전 취득한 주택에 대해서는 주택임대 사업자의 경우 8년 임대 시 50%, 10년 임대 시 80% 장기보유공제를 해주기도 했다. 2021년 12월 31일까지는 국민주택규모의 임대주택에 한해 재산세를 감면해 주고, 소형 주택임대 사업자에 대해서는 세액감면 정책을 펼치고 있다. 그러나 정부의 정책을 수시로 변한다. 기본적으로 주택임대 사업자는 일반 임대 사업자보다 절세의 길이 다방면으로 열려 있다. 수시로 바뀌는 세법을 확인하지 않으면 절세 방법을 찾아내기 어려우니, 수시로 세법을 체크해야 한다.

헌 집 줄게 새 집 다오!
대박의 기회를 품은 재개발·재건축

재개발과 재건축에 대한 관심은 예나 지금이나 매우 높다. 헌 다가구 주택과 단독 주택을 구역으로 묶은 후 허물고 새 아파트를 짓는 '재건축'과 아파트를 지어서 새 아파트를 짓는 것을 '재개발'은 도시정비 사업으로 통칭되기도 한다. 둘 다 새 집을 짓는 과정에서 어마어마한 개발이익이 생겨난다. 이 개발이익을 건설사가 가져가기도 하지만 원 건물의 소유자에게도 상당한 이익이 떨어진다.

재개발, 재건축 사업은 투자금 대비 차익 실현 폭이 매우 크다. 지금껏 진행된 재개발, 재건축 사업의 높은 수익률 때문에 대기 수요자들도 많은 편이다. 무조건 돈을 묻으면 큰돈이 생길 줄 알고 투자에 참여하는 이들도 상당히 많다. 그러나 여기서 종종 문제가 발생한다.

현장에 가보면 재개발, 재건축에 사용되는 용어조차 알지 못하는 투자자가 열에 여덟이다. "일반적으로 재개발의 경우 처음 구역 지정과 사업시행 인가 타이밍에 가격이 가장 많이 오릅니다." 설명을 해도 도통 알아듣지 못한다. 무식한 만큼 위험성은 커진다. 재개발 지분을 인정받지 못하는 계약부터 프리미엄이 높게 형성돼 일반분양가와 맞먹는 투자금이 들어가는 계약까지 사고의 양상은 다양하다.

진행 중간에 예상보다 적은 수익을 보고 "얼마 남지도 않네"라며 손을 털고 나가는 투자자도 있다. 그러나 이마저도 부동산 경기가 좋고, 분양가가 올라가는 시기일 때 일이다. 하락기에 잘못 들어가면 속만 쓰린 경험을 할 수도 있다. 지금은 인기가 높은 신길 뉴타운도 초기에 프리미엄이 조금 붙었다가 서브프라임 때 수억 원이 빠지면서 바닥까지 내려갔었다.

재개발은 오랜 시간에 걸쳐 진행이 되고, 사업 진행에 여러 단계가 필요하며, 중간 변수로 수익률이 롤러코스터를 타는 투자 상품이다. 투자 기간을 설정하고 예상 수익까지 계산하고 들어가는 주도면밀함이 필요하다. '존버'도 알아야 할 수 있는 게 재개발, 재건축 시장이다. 아는 것이 많을수록 열매도 실하게 거둘 수 있다.

❶ 규제 심화로 더 뜨거워진 재개발 현장

부동산 가격이 가파르게 오르는 급등기에는 재건축과 재개발이 먼저 움직인다. 2014년 이후 시작된 부동산 상승기에 재건축과 재개발 주택 가격이 많이 올랐다.

그런데 최근 수년간 진행된 규제 일변도의 부동산 정책은 재개발 현장에 기름을 부었다. 3년 전만 해도 재개발보다 재건축 수요가 월등히 많았다. 그러나 분양가 상한제와 아파트 대출 제한 등으로 재건축 수요가 한풀 꺾였다. 재건축 사업이 진행되지 못한 반사이익으로 재개발이 더 높은 인기를 누리게 되었다. 뿐만 아니라 각종 규제로 분양권은 물론 구축 아파트까지 투자가 원활히 되지 못하자, 재개발 현장에서 풍선효과가 나타나기 시작했다. 2020년 현재까지 마땅한 투자처를 찾지 못한 돈들이 재개발 현장에 몰리고 있다.

재개발이 인기 많은 또 하나의 이유는 비교적 투자금이 적게 들어가기 때문이다. 아파트는 비싸다. 헌 아파트를 허물고 새로 짓고자 하는 재건축 단지들 역시 금액이 천정부지로 올랐다. 미래 가치가 높게 책정돼 있기 때문에 전세가와 매매가 사이의 갭이 적게는 5억 원 많게는 십수억 원에 이른다. 차액을 마련해 갭투자를 하기가 어렵게 됐다. 그에 비해 재개발은 새로운 아파트를 받는 점은 같지만 투자금이 적다.

재개발 중에서도 특히 서울의 정비 사업 물건에 대한 선호가 높다. 그러다 최근 관련 법규가 바뀌어 모르고 투자하다가 낭패를 보는 경우도 많다. '도시 및 주거환경정비법'에 대한 사전 학습이 필요하다. 보통 청약을 통한 일반 분양의 재당첨 제한에 대해선 잘 알고 있지만, 재개발과 재건축 물건의 보유로도 재당첨 제한을 받을 수 있다는 사실을 모르는 이들도 많다. 특히, 도정법에서는 같은 세대원 전체를 함께 보기 때문에 부모님이 조합원으로 분양 신청 후에 자녀가 청약에 당첨되면 자녀의 당첨이 취소되고 패널티까지 받게 되는 일도 있다. 두 군데 이상의 재개발 사업장에 무분별하게 투자했다가 높은 프리미엄을 주고 산 물건이 현금청산되는 예도 있다. 무지로 인해 순식간에 큰 자산을 잃을 수도 있기 때문에 주의가 필요하다.

❷ 재개발·재건축 사업은 절차 사업이다

투자는 들어간 돈이 아무리 적어도 수익을 내지 못하면 의미가 없다. 재개발 같은 정비 사업은 쉽게 생각하면 할수록 사고가 많이 일어난다. 정비 사업에 대해 진득이 공부를 한 후 투자를 감행해도 늦지 않다. 기초가 튼튼하면 높은 건물을 지을 수 있듯, 한번 잘 배워두면 수익을 올리는 투자를 여러 번 반복해 자본을 크게 키울 수 있다.

다세대와 연립은 집합건물인데 구분등기가 되는 주택이다. 재개발을 할 때는 다른 소유권자와 같이 묶어서 동의를 받고 개발을 해야 한다. 그래서 그 과정이 굉장히 힘들다. 개발이 될 거라는 기대감만으로 높은 프리미엄 붙은 물건을 매수했다가는 어느 단계에서 사업이 엎어질지 알 수 없다. 진행과정을 알고 적재 적시에 들어가야 한다.

재개발 재건축 정비 사업은 절차 중 뒤로 갈수록 수익이 줄지만 리스크도 줄어든다. 반대로 초기 단계일수록 수익과 함께 리스크도 커진다.

〈정비 사업 진행 절차〉

1. 기본계획 수립

2. 정비구역 지정

3. 추진위원회 구성

4. 조합설립

5. 사업시행 인가

6. 관리처분 인가

7. 철거 및 시공

8. 준공

재개발 재건축 사업 시행 절차도

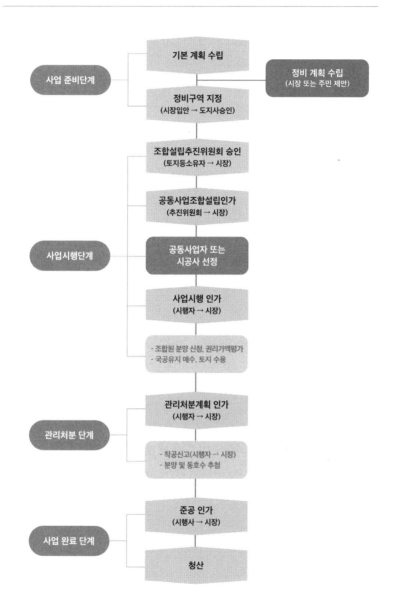

사업 준비단계

- 기본 계획 수립
- 정비 계획 수립
  (시장 또는 주민 제안)
- 정비구역 지정
  (시장입안 → 도지사승인)

사업시행단계

- 조합설립추진위원회 승인
  (토지등소유자 → 시장)
- 공동사업조합설립인가
  (추진위원회 → 시장)
- 공동사업자 또는
  시공사 선정
- 사업시행 인가
  (시행자 → 시장)
- 조합원 분양 신청, 권리가액평가
- 국공유지 매수, 토지 수용

관리처분 단계

- 관리처분계획 인가
  (시행자 → 시장)
- 착공신고(시행자 → 시장)
- 분양 및 동호수 추첨

사업 완료 단계

- 준공 인가
  (시행사 → 시장)
- 청산

정비구역 지정 단계에서는 밑그림만 그린다. 용적률, 조합원 숫자, 임대 아파트 계획, 대략적인 건축 계획이 정리된다. 조합설립 인가를 받아야 정비 사업을 시행하기 위한 법적인 지위가 확보된다. 조합설립을 하려면 75% 이상의 동의가 필요해서 조합원의 동의를 받지 못해 사업이 지연되는 경우도 많다. 그러나 조합설립이 인가된 후에는 사업시행 인가가 본격적으로 추진된다.

사업시행 인가는 구체적인 사업 계획이 드러나는 시기이다. 조감도, 배치도, 공급 세대수, 분양계획, 평면도 등 건축계획이 확정되면 시공사를 선정하고 종전자산을 평가하고 조합원 분양신청도 받게 된다.

투자금 대비 높은 수익률을 목표로 공격적인 투자를 하고 싶다면 기본 계획 수립부터 들어갈 수 있지만 안정적인 진행을 원한다면 조합설립 인가 이후, 사업시행 인가나 관리처분 인가 시기에 들어가는 것을 권한다.

헌집을 부수고 새집으로 들어갈 때 내야 하는 '추가 부담금'이 없어서 재개발에 들어가지 못하는 투자자들도 있다. 그러나 실거주를 목표로 하는 것이 아니라면 이러한 고민은 하지 않아도 된다. 앞서 이야기 한 대로 재개발에서 가격이 많이 오르는 시기는 처음 구역 지정과 사업시행 인가 타이밍이다. 이 기간에 목표를 두고 투자를 했다가 가격이 오른 후에 되판다면 입주 때에 들어가는 추가 부담금은 생각할 필요가 있다.

보통 서울의 정비 사업은 평균 10년 정도가 걸린다. 사업시행 혹은 관리처분 인가 후부터는 5년 정도라고 보면 무난하다. 소액투자라서 추가 부담금이 부담스럽다면 이 시기를 잘 타야 한다. 재개발 투자자들은 정비구역 지정부터 관리처분 인가 전까지 물건을 가져가는 경우가 일반적이다. 수익 변동이 큰 지점은 구역 지정과 사업시행 인가 단계이다. 물론 관리처분 인가부터 이주가 마무리되는 단계까지도 조합원 분담금에 대한 부담 없이 투자가 가능하다.

❸ 알아야 사업성 평가를 할 수 있다

> '재개발 주택의 수익은 어떻게 생기는 것일까?'
> '재개발로 수익이 난다면 조합원들에게는 어떻게 나눠줄까?'
> '내 물건이 수익이 날지 안 날지는 어떻게 알 수 있을까?'

재개발 투자를 잘 하려면 궁금증을 가져야 한다. 이 질문들을 하나씩 해결해 가는 과정을 통해 사업성 평가를 하고 우량한 물건을 찾아낼 수 있다. 기존의 주택이 재개발 조합원의 입주권으로 바뀌는 시기는 관리처분계획을 수립하고 구청으로부터 인허가를 받게 되는 때이다. 이때 조합원이 보유한 주택의 감정평가 금액과 어떤 아파트를 배정받을지가 정해지고 얼마의 추가 부담금을 낼지 혹은 얼마의 환급금을 돌려받을지도 추산된다.

투자자들이 가장 관심을 갖는 것은 조합원분양가, 감정가액 그리고 추가 부담금이다. 조합원분양가는 조합원이 재개발 된 아파트를 살 수 있는 금액이다. 보통 일반 분양가에서 20~30% 이상 저렴하다.

추가 부담금은 조합원이 가진 주택의 조합원분양가에서 분양기준가액을 뺀 금액에다 분양기준가액이란 종전감정가액에 비례율을 곱한 금액인데, 쉽게 말해 내가 가진 헌 집의 가격이라고 할 수 있다. 결국 조합원분양가에서 헌 집의 가격을 빼면 조합원이 추가로 부담해야 하는 추가 부담금이 나온다.

그러므로 투자자에게 중요한 것은 종전 주택의 평가 금액이다. 종전 주택은 관리처분 인가 단계에서 모두 감정 평가를 받는다. 주택뿐만 아니라 구역 내 토지와 상가도 모두 포함되며, 투자자의 사업성 단순 계산식은 다음과 같다.

- 매매가격=감정평가+프리미엄
- 예상 분담금=조합원분양가-감정평가
- 예상 구입원가=매매가격+예상분담금
- 실투자금=매매가격-전세

일례로 분양평형 59m^2에 예상 구입원가가 6억 원인 재개발 물건이 있다고 하자. 비슷한 평형의 인근 아파트 가격이 최소 6억 원 이상은 되어야 손해는 안 보는 투자라 할 수 있다. 여기에 무이자로 진행되는 대출이라 할 수 있는 이주비와 이사 비용, 조합원 서비스 품목 등도 고려 대상이 될 수 있다. 추가 부담금도 나올 수 있다. 준공 후 조합 청산시점에 추가되기도 한다. 하지만 이러 저러한 것들은 부가적인 것이고 수익 평가의 기본은 '예상 구입원가' 정도면 된다.

관리 처분 단계부터 준공까지는 대략 4~5년이 걸리는데 이때 법적 문제나 시공 상의 문제 등으로 사업이 늘어지기도 한다. 이렇게 입주가 늦어지면 추가 부담금이 발생하는데 보통은 드문 편이다. 건설사에서도 사업을 진행할 때 리스크를 최대로 감안한다. 최초에 사업비를 높게 책정해 놓기 때문에 청산 후에는 조합원에게 돌려주는 경우가 더 많다.

❹ 재개발 성공 투자를 위해 고려할 3가지

2020년 재개발 투자 수요가 많은 지역은 크게 3곳을 짚을 수 있다. 성북구(장위 뉴타운, 미아) 용산구(아파트가 적은 한남 뉴타운 일대), 동대문구(전농 8, 9 구역)에서 눈에 띄게 증가하고 있다. 비강남 지역의 다세대 주택 투자가 꾸준히 증가하고 있다. 같은 지역이라도 수익률은 천차만별이다. 투자자라면 재개발 수익 구조를 알고 개별 물건을 대입해 투자 성패를 가늠해보는 능력이 필요하다.

성공적인 재개발 투자를 위해서는 감정평가액, 비례율, 기간을 고려해야 한다.

먼저 감정평가액을 알아보자. 초보 투자자들은 큰 물건이 좋은 물건이라고 생각한다. 그래서 지분이 많거나 건물이 큰 물건을 고집한다. 하지만 중요한 것은 지분에 대한 감정평가액이다. 재개발 지역은 사업시행 인가 고시 후 감정평가법인 2곳에서 지분을 평가받는다. 지분 감정평가액이 높은 물건일수록 추가 부담금이 덜 들어가고, 원하는 평형을 배정받기도 유리하다.

일반적인 사람들의 생각과 달리 지분 감정평가액은 대지지분이나 건물 크기로 정해지지 않는다. 같은 대지지분, 같은 건물 크기라도 '어디에 있느냐', '어떤 모양으로 있느냐'에 따라 평가액이 달라진다는 점을 염두하도록 한다. 분양 평형도 평가액을 기준으로 권리가액이 큰 순서대로 선순위로 배정한다.

감정평가에서 중요한 것은 건물보다는 땅이다. 대지 평가액은 용도와 위치에 따라 다르다. 2종지, 3종지, 준 주거지, 상업지로 나누기도 하고 지구단위계획에 묶여 있거나 역에서 거리에 따라서도 평가액이 달라진다. 보통 도로에 최대한 가까이 붙은 토지, 용적률이 확보되는 정방향, 장방형 토지, 저지대 토지가 유리하다. 감정가액은 사업시행 인가 이후 감정이 들어가야 알게 되지만 유리한 땅은 정해져 있다. 감정 평가 이전이라도 토지이용계획원이나 공적 자료를 보면 쉽게 확인할 수 있다. 보통 감정평가는 공시가액에서 1.3~1.5배 정도로 비슷한 수준에서 나온다. 공시가격을 기준으로 계산해보면 프리미엄이 얼마나 붙었는지도 체크해볼 수 있다.

건물 평가는 구조, 시공정도, 부대시설로 차이가 발생한다. 대략적으로 최소 40만 원에서 160만 원으로 3배 차이가 난다. 구조는 목조, 콘크리트, 연하구조도 있는데 무조건 오래된 건물이 좋다는 것은 잘못된 고정관념이다. 다음으로 비례율은 높을수록 사업성이 높아진다. 조합원 권리가액도 비례율이 높을수록 높아진다.

앞서 설명한 대로 조합원 분양가는 조합원 권리가액에 추가 분담금을 더한 금액이다. 그런데 조합원 권리가액은 지분감정 평가액에 비례율을 곱한 값으로 나온다.

- 지분 감정 평가액*비례율=조합원 권리가액

5평 땅을 2억 원을 주고 샀는데 지분 감정 평가액이 1억 원이 나왔다. 여기 비례율이 100%이면 조합원 권리가액도 1억 원이 된다. 비례율 낮으면 권리가액 낮아지고, 비례율이 높으면 권리가액도 높아진다. 이때 프리미엄은 내가 산 금액에서 조합원 권리가액을 뺀 것이다. 2억 원짜리 물건을 샀다고 해도 1억 원으로 평가되면 나머지 1억 원은 프리미엄이다. 조합원 분양가에서 지분 감정 평가액을 빼면 추가 부담금이 나온다.

비례율은 해당 구역 총 사업이익을 총 종전평가액으로 나눈 후 100을 곱한 수치이다.

• 해당 구역 총 사업이익 / 총 종전평가액*100=비례율

100을 기준으로 100% 이상이면 사업성이 높고, 100% 이하면 사업성이 나쁘다고 본다. 하지만 비례율만 맹신하면 안 된다. 비례율은 조합 청산 시점에 달라질 수 있다. 우량한 물건은 감정가액이 높으면서 비례율도 높은 물건이다.

비례율은 사업시행 인가 단계에서 추정하게 되는데, 관리처분 인가 단계에서 알 수 있다. 일반적으로 10개 조합 중 2개는 사업 중간에 잡음이 생긴다. 초기 투자 결정 단계에서는 150%였다가 지지부진해서 100% 이하로 떨어지기도 한다. 현장에 문제가 있을 수 있고, 땅에 있는 암반이 예상과 달라서 공사 금액이 높아진다거나, 조합원과 건설사 사이 분쟁이 있는 경우도 있다.

하지만 시공사는 어느 정도의 안전장치를 해 둔다. 보류지가 대표적이다. 조합원 내에서 현금청산을 당한 사람이나, 평형 배정에 불만이

있어 다툼이 발생할 수도 있다. 애매한 현금청산자 중 재판에서 지는 경우 보류지를 주기도 한다.

소자본 투자에 유리한 곳은 조합원이 많고 상가도 많은 곳이다. 비례율이 낮으면 소액으로 들어가는 데 유리하다. 추가 상승 여력이 있는 주거벨트 안에 있고, 재개발이 원활한 뉴타운에서는 비례율이 상승할 수 있다. 실입주까지 생각한다면 감정평가액이 높고 비례율도 높은 고액 투자 물건에 접근하는 것이 유리하다.

여러 가지 조건을 조합해 투자 가치를 직접 계산해 보자.

물건 가격은 3억 원, 지분 감정평가액은 1억 3,000만 원, 조합원 분양가는 4억 원에 동일 평형의 주변 시세는 6억~7억 원인 물건이 있다. 비례율은 100%이다. 프리미엄 가격은 어디까지 지불해도 될까?

- 2억 7,000만 원(추가 분담금)+3억 원(물건가)=5억 7,000만 원(총 금액)

주변 시세가 높아진다거나 실거주라면 들어가는 것도 가능하다. 하지만 투자로 본다면 수익률이 높다고 볼 수는 없다. 추후 진행이 어려워지는 리스크를 감안한다면 심사숙고가 필요하다.

마지막으로 '기간'을 고려해야 한다. 재개발 투자는 투자 기간에 따라서 물건을 다르게 잡아야 한다. 단기투자는 추가 부담금에 대한 부담을 내려놓고 투자금액이 적게 들어가는 것이 중요하다. 지분감정액이 낮은 물건을 매수했다가 1~2년간 유지한 후에 팔고 나오는 것이 낫다. 이때 추가 부담금은 고려 대상이 아니다.

만일 입주까지 고려한다면 감정평가액이 높고 비례율이 높은 물건을 구입한 후 평형을 배정받아야 한다. 이때는 추가 부담금도 고려 대상이다. 프리미엄과 추가 부담금을 고려해 예상 구입원가가 낮은 것을 구입하는 것이 유리하다.

❺ 재개발 언제까지 멈춰 있을 수는 없다

재개발 시장은 여러 가지 이유로 주춤한 상태다. 하지만 나는 정부가 재건축 사업을 지연시키는 데는 한계가 있다고 생각한다. 서울과 수도권 핵심지에 있는 것들은 대부분 헌 아파트들이다. 그것도 연식이 30년 된 아파트들이 대부분이다. 초기에 개발을 할 때 역세권을 중심으로 공급이 되었기 때문에 입지가 좋은 곳에는 어김없이 낡은 아파트들이 있다.

공급이 부족한 상황에서 규제만으로 수요를 꺾는 데는 한계가 있다. 정부에서는 이런저런 이유로 인허가를 미루고 있지만 이후로 주택부족 문제가 심각해질 경우 신도시로 해결하기는 역부족이다. 정부에서도 계속 수수방관할 수는 없을 것이다.

혹자는 중층아파트의 재건축은 비용 대피 효율이 떨어져 개발이 불가능할 것이라고 하지만 꼭 그렇지만도 않다. 토지는 한정돼 있다. 부동산 가격이 상승하면 현재는 가격이 비싸고 돈이 많이 들어 비효율적이라고 생각했던 사업도 진행이 가능하다. 서울 외곽에 신도시를 공급하는 것보다 도시 계획 초기에 지어진 역세권, 학세권을 갖춘 노후 아파트를 재건축하는 것이 더 효율적일 수도 있다.

현재의 주거 트렌드는 편의성이 주도하고 있다. 새 아파트는 과거 어떤 아파트보다 편의성이 뛰어날 수밖에 없다. 거기에 입지까지 좋다면 그야말로 최상급지가 된다. 땅이 한정돼 있기 때문에 서울에 지을 수 있는 주택은 한정돼 있다. 재개발과 함께 재건축을 어쩔 수 없이 추진해야 할 때가 올 것이다. 정비 사업으로 만들어질 새 아파트를 선점하기 위해 기회가 왔을 때 움직여야 한다.

정책 변화에 비교적 부담이 덜한 상가와 건물

수익형 부동산에도 종류가 많다. 분양형 호텔, 펜션, 오피스텔, 레지던스, 상가, 상가주택, 꼬마빌딩…. 이 중에서 상가는 '수익형'이라는 말에 가장 적합한 종목이다.

그러나 상가와 다가구는 금액이 크고 덩치가 큰 만큼 초보자가 진입하기 쉬운 종목은 아니다. 투자를 계단에 비유하면 상가나 건물은 최상위에 포진한 종목이다.

상담을 요하는 실패 사례의 상당수가 상가다. 주택을 사서 크게 손해를 봤다고 하는 경우는 드물다. 통계적으로 보면 주택은 여성 투자자가 많고 상가는 남성 투자자가 많다. 상담 사례를 봐도 아내가 집을 잘못 사서 집이 망했다고 하는 경우는 없다. 남편이 상가를 잘못 사서 망했다는 경우가 대부분이다. 배포가 크지만 꼼꼼하지 못한 성격은 상가 투자에서는 장점이 못 된다.

난도가 높아서 각종 요소들을 다 들여다 볼 수 있어야 한다. 개인적으로는 먼저 작은 주택을 사 보고, 큰 주택도 사 보고, 상가도 조그만 것을 사보고 건물도 사보면서 상가와 건물에 차근차근 접근하길 추천한다.

특히 상가 분양팀의 말만 믿고 덜컥 계약을 하지는 말아야 한다. 분양팀의 설명을 들으면 상가 투자가 매우 쉽게 느껴진다. 높은 월세 이야기에 아파트를 팔고 상가 투자를 하는 이들도 있다. 공실이나 세입자와의 갈등 등 여러 가지 문제가 생겨도 해결할 능력이 없으면 투자는 실패로 끝나기 쉽다. 노후를 위해 상가를 구입하는 경우는 더욱 주의해야 한다.

"자식은 효도하지 않는다. 부동산이 효도한다."

틀린 말은 아니지만 효도 받는 노후를 위해서는 우선 자식을 잘 키워야 한다.

스스로 상권을 분석해 내고 주도적으로 수익률 높은 상가를 고를 수 있을 때까지는 공부하고 경험해 보길 권한다.

❶ 현명한 상가 그리고 건물 투자

예전에는 건물 사는 게 참 어려웠다. 그런데 요즘은 그렇지 않다. 아파트 가격이 올라가면서 상대적으로 상가나 건물 가격이 저렴해진 느낌이다. 강남에는 수백 억 원짜리 상가와 건물이 널렸다지만 강북에는 아직도 20억~30억 원의 상가와 건물을 쉽게 찾을 수 있다. 대출을 최대로 받으면 아파트 투자와 비슷한 금액으로도 투자가 가능하다.

상가나 건물은 보통 부동산 중개소에서 거래를 한다. 하지만 아파트를 주로 거래하는 부동산과는 다르다. 상가나 건물은 수요자가 많지는 않다. '그들만의 리그'를 펼치다 보니 물건 공유도 잘 안 된다. 상가나 건물만 다루는 전문 업체를 이용하는 것이 일반적이다. 상가를 사면 부가가치세 신고를 해야 하기 때문에 사업자는 있어야 한다.

흔히 상가는 가격이 상당하기 때문에 세금도 많이 낼 거라고 지레 겁을 먹는 투자자들도 많은데 보유 시에 내는 세금은 생각보다 크지 않다. 종합부동산세는 80억 원까지 면제다. 상가가 생활의 주요한 기반 시설이 되기 때문에 정부에서도 세금을 많이 물리지 않는다.

그러나 매매차익으로 발생하는 양도소득세는 상당한 편이다. 상가나 건물은 매도 차액이 일반 부동산 중에서 가장 높다. 올라가는 가격 비율이 다르다. 평당 100만 원씩만 올라도 400평이면 4억 원이다. 게다고 건물 투자는 시기를 타지 않는다. 월세 하락기에도 인기가 있다. 꾸준히 올라간다. 아파트는 1년에 30% 올랐다가 다음 해에 2% 올랐다고 하지만 건물은 꾸준하게 10%씩 올라간다. 2008년부터 2018년까지도 매년 10%씩 상승했다. 하지만 양도소득세를 생각하면 수익은 통상 절반 정도라고 생각해야 한다.

상가의 양도소득세는 면제가 없고 장기보유특별공제도 소소하다. 주택은 10년 가지고 있으면 80%까지 감해주지만 상가나 건물은 30% 밖에 안 된다. 때문에 사고파는 것보다는 보유 시에 높은 월세를 받을 수 있는 상가를 구하는 것이 유리하다.

상가나 건물 투자의 장점은 주택이 아닌 상업용 건물로 대출이 잘 나온다는 점이다. 상업 시설은 임대업이자상환비율RTI, Rent To Interest라고 해서 감정가와 월세 수준으로 대출금이 정해지는데 보통 50%에서 70~80%까지 가능하다. 상가주택은 상가와 주택을 분리해서 평가하는데, 주택 부분은 일반 주택과 같이 적용받아 전체적인 대출금액이 줄어든다.

흔히 상가는 구분상가(복합 상가, 단지 내 상가)와 통건물(상가주택)로 나눈다. 복합 상가의 경우 주로 상업 지역에 위치해 지역의 랜드마크로 유동인원을 흡수하기 유리하며 초반에 분양하는 상가를 잘 잡으면 큰 시세차익을 남길 수 있다.

단지 내 상가는 고정고객이 있어 일정하고 꾸준한 수익이 가능하다. 업종 독점 형태도 가능하다. 단점은 고정고객이 확보된다고 판단해서 분양가가 높은 편이고, 상권 확장이 배후세대로 한정되어 큰 성장을 기대하기 어렵다는 점이다.

상가주택은 점포와 주택을 모두 갖춘 건물이다. 점포에서 임대 수익을 내고, 꼭대기 주택에서는 주거를 해결할 수 있다. 단점은 아파트보다 비싸고 거래가 상대적으로 떨어져 돈으로 바꾸고 싶을 때 빨리 바꾸기가 어렵다. 그래도 상승기에 가격 상승은 아파트의 2~3배이다.

개인적으로 부동산 재테크의 종착점은 꼬마빌딩이라고 생각한다. 상가주택을 놓고 공부도 하고 연습도 하면서 자산을 늘리다보면 마지막 단계에는 꼬마빌딩의 소유주 '갓물주'가 될 수 있을 것이다.

❷ 수익형 부동산의 중심 '상가'

상가에서 제일 중요한 것이 '목'이다. 목만 잘 잡으면 대박이라 표현해도 과언이 아니다. 역으로 좋은 목을 잡지 못하면 쪽박이다. 여기까지는 부동산의 '부'자만 알아도 할 수 있는 말이다. 초보자들도 목이 중요한 것은 안다. 보통은 좋은 목이 무엇인지 몰라서 탈이 난다.

초보자들이 많이 하는 실수는 '입지'와 '상권'을 하나로 보는 것이다. 입지와 상권을 분리해서 최고의 교차점을 찾아야 한다는 것을 모른다.

입지는 말 그대로 입지 조건이다. 지하철역, 직장, 옆에 어떤 업무시설이 있는지에 따라 평가된다. 상권은 중심상권에서 미치는 영향력이다. 일례로 홍대 상권은 정해져 있다. 연남동은 홍대와 가깝지만 상권은 다르다. 일반적으로 아파트나 주택은 접근성이 중요하다. 거리가 관건이다. 어디까지 몇 분에 갈 수 있느냐를 따진다. 상가는 접근성에 '가시성'도 중요하다. 고객이 멀리서도 쉽게 상가를 식별할 수 있는 가시성을 가지고 있어야 한다. 비싼 상가는 보통 전면상가이다. 모퉁이 상가도 좋다. 반면 계단 바로 앞에 있는 상가나 앞에 화단, 자연 지형지물, 경사 같은 장애물이 있는 상가는 피하는 것이 좋다.

이 밖에 중요한 상권 분석 체크 포인트는 대략 4가지 정도다.

첫째, 좋은 상가는 사람들의 동선을 따라 낮은 곳에 밀집한다. 고층보다는 1층 상가가 좋다.

둘째, 지하철과 버스정류장의 연계가 중요하다. 교통 편의시설이 있는 곳은 항시 대기 인원이 있다. 유동인구가 머무는 위치는 중타 이상은 나온다.

셋째, 조경이나 자연 지형물 및 6차선 이상의 넓은 도로가 있는 곳은 피하는 것이 좋다. 인구가 머물지 않고 흘러가는 곳은 좋은 상가가 아니다. 이보다는 횡단보도 앞이나 도로와 도로가 접하는 지역에 있는 상가가 낫다.

넷째, 시기와 계절을 타지 않는 지역을 택해야 한다. 월요일부터 일요일로 나눴을 때, 아침부터 저녁까지로 나눴을 때 인구가 크게 변하는 지역보다는 큰 변화 없이 인구가 유지되는 지역에 투자하는 것이 안정적이다.

스키장 상가나 해수욕장 상가는 계절을 많이 탄다. 이런 지역보다는 4계절 내내 인구가 유지되는 상권을 찾아서 투자해야 노후대비를 잘 할 수 있다.

좋은 상권은 교차 수요가 많은 곳이다. 여의도와 강남을 비교해 보자. 여의도는 낮에만 있고 밤에 싸하고 주말에도 없다. 그런데 강남은 다르다. 낮이고 밤이고 주중이고 주말이고 사람들이 있다. 강남에 상권이 발달한 이유이다.

덧붙여 초보자들이 상가 투자에서 흔히 하는 실수를 살펴보자.

첫째, 남향 상가를 고집하는 경우다. 초보자들은 상가도 주택처럼 생각한다. 그러나 상가의 경우 북향이 더 좋을 수 있다. 특히 상품의 변질 우려가 큰 업종은 북향을 찾기 마련이다. 분양가가 저렴한 것도 장점이다.

둘째, 조망이 좋은 대로변만 고집하는 경우다. 보통의 경우는 대로변 상가가 높은 가치를 인정받지만, 준공 후 이면도로 맞은편에 상가가 세워지는 경우 이런 곳의 임대 수익이 훨씬 좋아진다. 역시 주택을 기준으로 생각하는 고정관념은 버려야 한다.

한 가지 팁을 보태자면 뉴타운의 상가는 잘 모르는 틈새시장이다. 현재 모습은 매우 허름하다. 그런데 개발이 안 된 덕분에 금액이 착하다. 이후 아파트가 개발 되고 인구가 늘어나면 유동 인구가 2배 이상 많아진다. 상가 가격도 2배 이상 뛴다. 다시 지으면 층수가 많이 올라가기도 한다. 뉴타운 상가를 싼 값에 사놓고 개발을 기다리는 것도 괜찮다. 재건축을 하면 수익률이 폭발적으로 올라간다. 서울 안에서도 이런 상가가 아직도 많이 존재한다.

❸ 처음에는 기존 상가부터 경험하라

상담을 하면서 안타까운 사연을 접할 때가 종종 있다. 어르신들이 덜컥 상가를 구입한 경우가 그렇다. 노후 준비를 급하게 하다가 상가를 구입해 낭패를 보게 된다. 주택은 한번 실수가 병가지상사지만 상가는 실패하면 다시 일어설 수 없다. 0부터 다시 시작해야 한다. 초보 투자자일수록 한발 뒤로 천천히 볼 필요가 있다. 절대 급하게 들어가면 안 된다.

가장 주의해야 할 곳은 신규 분양 현장이다. 분양 상담을 받아보면 '5년간 임차보장, 확정 수익률 보장'을 쉽게 접한다. 분양팀 자체도 선수들이다. 가장 임차인과 계약서를 보여주면서 수익률을 맞추어 분양하기도 한다. 초기에는 렌트 프리라고 임대료를 수개월 받지 않는 거치식 계약도 진행한다. 가상의 임차인을 내세워 임대료로 받은 돈을 몰래 다시 돌려주면서 현혹하는 경우도 많다. 이렇게 분양팀에서 제시한 액면 수익성만 보고 계약했다가는 몇 억 원이 금세 깎인다. 주택은 싸게 내놓으면 팔리지만 상가는 깎을수록 문제가 있는 물건인 줄 알고 더 안 팔린다. 상가는 경기 변동에 민감하고 상권도 수시로 이동한다. 상권을 찾는 안목과 분석능력을 키우기 전에 발부터 담그는 것은 피해야 한다.

신규 분양 현장 중에는 초반인데도 인기가 높은 곳들도 있다. 보고

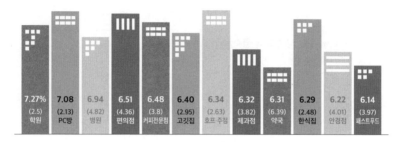

상가 업종별 연간 수익률 비교

| 7.27%
(2.5)
학원 | 7.08
(2.13)
PC방 | 6.94
(4.82)
병원 | 6.51
(4.36)
편의점 | 6.48
(3.8)
커피전문점 | 6.40
(2.95)
고깃집 | 6.34
(2.63)
호프·주점 | 6.32
(3.82)
제과점 | 6.31
(6.39)
약국 | 6.29
(2.48)
한식집 | 6.22
(4.01)
안경점 | 6.14
(3.97)
패스트푸드 |

연 수익률=(월세×12개월)(매매가-보증금)×100, ( )안은 평균 영업기간, 년

출처: 에프알인베스트먼트

있으면 애가 타서 빨리 뭐라도 사야할 것 같다. 그러나 인기 상가 역시 주의를 해야 한다. 인기가 높다는 것은 미래 가치가 선반영 된 상황이 라고 볼 수 있다. 인기가 높아 분양가가 올라가면 월세도 비싸진다. 세입자가 맞춰지지 않으면 공실로 한참을 보내야 한다. 시장 적정가를 맞출 때가지 월세가 하염없이 떨어지는 수도 있다.

처음부터 일생 동안 모아온 큰돈을 교육비로 날릴 필요는 없다. 신 규 분양은 상권이 구성되기 전 임대 소득이 확정되지 않은 상태에서 투자를 하는 것이기 때문에, 위험부담이 크다. 반면 기존 상가는 이익 이 크지 않지만 상권분석이 용이하다. 돌다리도 두드려 보는 심정으로 기존 상가를 먼저 경험하길 권한다.

투자자는 항상 임차인의 마음을 읽어야 한다. '이 임대료를 주고 어 떤 업종이 들어와서 수익을 내며 장사를 해나갈 수 있을까?'라는 구체적인 예측을 통해 수익률을 점검해야 한다. 임차인은 보통 3일 장사해서 번 매출금으로 월세를 낸다. 본인이라면 임대료를 맞출 수 있을지 떠올려 보면 적정 답이 나올 것이다.

❹ 나이든 투자자에게 A급 상가를 권하는 이유

간혹 은퇴 후 자산을 정리한 투자자들이 찾아와 "원룸 임대가 잘 나간다는데…"라는 이야기를 꺼낼 때가 있다. 개인적으로 나는 고령의 투자자들에게는 단독과 다가구를 권하지 않는다. 차라리 상가가 낫다고 말한다.

단독과 다가구는 몸집이 있다. 투자금이 크고 보유세가 높고 유지비용도 만만치 않게 들어간다. 아파트에 사는 사람들은 모르겠지만 노후주택을 개보수할 때는 돈이 많이 들어간다. 아파트에서는 장기수선충당금으로 월에 몇 만 원씩 내는 게 전부지만 단독과 다가구는 연에 몇 백만 원씩 들어가기도 한다.

게다가 다가구는 임차인을 맞추는 꾸준한 노고가 필요하다. 원룸이 중심인 주택은 임차인이 수시로 바뀐다. 오래된 건물은 공실률도 높다. 그 자체가 스트레스가 될 수 있다. 보유세 부담도 상당하다. 은퇴 후 노부부가 이를 다 감당할 수 있을지 총체적으로 생각해야 한다.

나이가 들수록 시세차익보다는 일정한 수입이 생기는 부동산이 필요하다. 상가는 차익실현보다는 임대수익에 집중한 상품이다. 따라서 70대 이상이라면 상가가 제격이다. 물론 갈수록 상가는 낡을 것이고, 큰 개보수가 필요할 수도 있다. 주차장도 없는 낡은 건물이라면 건물을 짓고 다시 짓는 것도 고려해야 할 때가 온다. 하지만 이러한 일들은 고령의 투자자들이 처리하지 못할 가능성이 높다. 남겨진 일들은 자식들에게 맡기고 생전에는 월세만 받으면 그뿐이다.

상가 구매를 결정했다면 가격이 조금 더 나가도 A급 입지를 사야 한다. 터무니없는 가격으로 A급 위치를 사라는 게 아니라, 가격이 싸다고 안 좋은 위치를 사지는 말아야 한다는 말이다. 절대로 가성비로 접근해서는 안 된다.

월세가 많이 나오는 상가는 세입자들이 들어오려고 경쟁을 하는 상가이다. 주택은 싼 맛에 들어올 수 있지만, 상가는 그렇지 않다. 바로 옆에 붙어 있는데도 몇 걸음 차이로 가격 차이가 상당하다. 주택에 비할 바가 아니다. 돈이 있다면 무조건 전면상가, 코너 중심 상가를 찾아야 한다. 특히 구분 상가는 잘 되는 자리만 잘 된다. 가격 때문에 잘못 선택하면 공실이 길어지거나 세입자를 자주 바꾸게 된다. 이 사이에 스트레스를 엄청 받게 된다. 세상에 공짜는 없다. A급 상가는 그 값을 반드시 한다.

❺ 신도시 미분양 상가를 다시 보자

신도시가 많아지면서 신생 상가도 많아지고 있다. 그런데 그 결과가 제각각이다. 분양 때 인기가 높았으나 고가의 분양가 때문에 몇 년째 공실로 남아 있는 상가가 있는가 하면, 소리 소문 없이 분양을 마치고 투자자들에게 따박따박 월세를 꽂아 주는 상가도 있다. 옥석을 잘 가려야 평생 효도하는 상가를 만날 수 있다.

내가 주목하는 상가는 신도시 미분양 상가이다. 사실 신도시 미분양 상가는 수익률 확인이 안 된다. 위험 부담이 크다. 하지만 위험이 큰 만큼 높은 수익도 기대할 만하다.

신도시 미분양 상가의 투자 포인트는 도시가 '완성 단계'에 들어가는 것이다. 아파트는 완성 단계에 돌입했으나 기반 시설 조성이 다소 늦어진 경우의 미분양 상가를 공략해야 한다. 상권이 완성되기도 전에 임차인이 먼저 들어오는 상가도 많다.

일례로 아파트 단지가 조성되고 상가가 만들어지면 가장 먼저 깃발을 꽂는 업종이 은행이나 병원이다. 이들 업종은 시설비가 많이 들어서 한번 들어오면 오랫동안 자리를 지키며 영업을 한다. 이 밖에도 전문성을 가지고 있어서 인테리어를 많이 하고 장비 세팅도 많이 하는 업종이 많이 있다. 임대가 잘 맞춰지면 매매보다 증여로 상가를 넘기는 수도 생긴다. 임차인이 나가기 전에 내가 먼저 하늘나라에 간다.

미분양 신규 상가를 분양받을 때는 우선 여유자금을 마련해 두길 권한다. 초기 공실이 날 때 이를 버티지 못하고 싸게 팔고 나오는 투자자들이 종종 있다. 팔고 난 이후에 상권이 활성화돼서 가격이 급등하는 경우 속이 이만저만 쓰린 것이 아니다. 때문에 초기 6개월 정도의 공실을 버틸 여유 자금을 마련해야 한다.

그리고 계약서를 쓸 때는 다음 사항을 꼼꼼히 체크를 하는 것이 좋다.

첫째, 사업의 안정성을 따져야 한다. '플라자' 상가는 특히 더 따져봐야 한다. 건축 허가는 받고 있는지 분양 대금 관리는 시행사, 은행, 신탁사 중 어디서 하는지 확실히 점검해야 한다.

둘째, 주변 및 경쟁 상가의 최근 5년 치 매매 시세를 조사하고 비교해서 분양가가 적당한지 판단해야 한다.

　　　　　　　　　　　　　　3장 부동산 종목별 투자의 정석

셋째, 분양팀이 제시하는 높은 월세, 예상 수익률을 믿지 말고 직접 주변 경쟁 상가의 임대차를 확인해야 한다. 이를 바탕으로 실제 투자 수익률을 계산해 보아야 한다.

넷째, 분양계약서를 꼼꼼히 확인하고 도장을 찍어야 한다. 상가는 구조가 복잡해 잘 헷갈린다. 면적과 호수가 잘못 기재된 경우도 있다. 2~3번 가보고 정확한 호수를 기억해야 한다. 독점 업종이 가능한 상가도 많다. 특약사항에 기재되었는지도 확인한다.

마지막으로 계약하기 전까지 얻어낼 것을 다 얻어내고 반드시 계약서에 기입을 해야 한다. 공실 상태에서 내는 관리비는 큰 부담이다. 신규 상가의 경우 공실 기간이 길어질 수 있기 때문에 관리비를 면제해주는 곳이 많다. 임대 조건부 분양도 있고, 임대가 맞춰질 때까지 관리비를 안 내는 조건도 있을 수 있다. 분양팀에 내용을 확인하고 계약서에 기입해 증거로 남겨야 한다.

일단 도장을 찍고 나면, 이때부터 투자자는 상가라는 칼바람이 부는 언덕에 홀로 남겨진다. 칼바람이 훈풍으로 재빨리 바뀔 수 있는 곳을 선점하고, 그 기간을 잘 견딜 수 있도록 안전장치를 마련하고, 기간 단축을 위해서 최선을 다해야 한다.

❻ 단독주택과 다가구주택 구입을 위한 팁

마지막으로 투자 종목으로 자세히 다루지 못한 단독주택과 다가구주택에 대한 설명을 하고자 한다.

단독과 다가구는 최소 10억 원 이상의 돈이 들어간다. 그런데 정보를 구할 곳이 많이 없다. 관리와 유지에 상당한 공이 들어가는 부동산

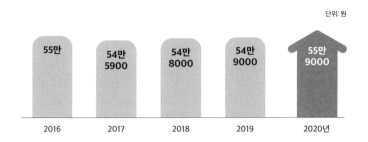

단위: 원

55만

54만
5900

54만
8000

54만
9000

55만
9000

2016 2017 2018 2019 2020년

출처: 직방

인데 이러한 설명을 해주는 곳도 없다. 안전성과 수익성을 면밀히 따진 후에 투자를 결심해야 한다.

단독의 경우 추후 재개발 수익을, 다가구는 재개발에 의한 시세차익과 임대수익 모두를 노려볼 수 있다.

아직도 서울 핵심 지역에서는 원룸과 투룸으로 구성된 다가구주택이 인기가 높다. 풍부한 수요가 확보된 곳으로 대학가, 산업단지 인근, 역세권, 생활 인프라가 갖춰진 곳들이다. 수요자들이 많은 곳의 신축이라면 금상첨화다.

반대로 오래된 건축물은 주의점이 많다. 가장 큰 문제는 위법건축물이다. 건축물대장을 떼보면 노란색으로 '위법건축물'이라고 쓰여 있는 곳들이 종종 있다. 해당 시군구청 주택과 가면 정확히 알려준다. 어떤 이유로 위법이고, 피해볼 수 있는 영향력은 없는지 꼼꼼하게 확인해서 구입해야 한다. 건축물대장과 실제 가구 수가 다른 곳도 있다. 대장에서는 원래 10개 세대인데, 분리를 더 해서 15개를 만든 곳도 있다. 세대 분리는 세금과 관련이 있으므로 자세하게 확인해야 한다.

다가구는 세대가 아무리 많아도 단독주택에 속한다. 단독 한 채만 가지고 있다면 1주택자 혜택도 받을 수 있다. 예를 들어 다가구의 공시가격이 9억 원 이하라면 월세 2,000만 원 이하에 대해서는 소득세를 내지 않아도 된다. 요즘은 월세 2,000만 원 이하도 전면 과세를 하고 있지만 1주택자는 해당이 안 된다. 따라서 다가구 소유주도 월세가 2,000만 원 이하라면 세금을 내지 않아도 된다. 다만 공시가 9억 원이라는 단서조항이 붙는데 시가로 약 12억~13억 원으로 환산해 볼 수 있다.

서울 시내만 놓고 보면 단독과 다가구 수량이 계속적으로 감소하고 있다. 낡은 주택들을 중소 건설사에서 매입해 신축 다세대로 만든다. 개발, 아파트 정비 사업에도 물량이 소요된다. 개발할 수 있는 땅이 점점 줄어서 땅의 가치가 엄청나게 높기 때문이다. 장기적으로는 단독과 다가구 투자 역시 건물 자체보다는 해당 입지의 지분을 취한다는 생각으로 접근하는 것이 바람직할 것이다.

부동산 DNA를 만들어
부의 계단에 올라라

처음 집필을 결정하기 전에 정말 많은 고민이 있었습니다.

세상에는 저보다 많은 것을 알고 계신 분들도 많은데, 주제넘게 나서는 것은 아닌지….

또 바쁜 일상 중에 간간이 짬을 내어 쓰게 되면 내용이 너무 허술하거나 대중적인 공감을 얻기 어려운 내용이 되지는 않을지….

이 고민에 대해 저의 평생 조력자인 아내는 "유튜브 채널도 초보가 보고 듣기 어려우니, 가장 쉽게 쓰면서 가장 큰 도움이 되는 책을 쓰면 좋을 것 같아"라는 조언을 해주었습니다. 그리고 유튜브 놀부 채널과 카페에 계신 팬 분들도 많은 응원을 해주셨습니다.

덕분에 저는 처음 부동산 투자를 할 때의 막연함과 실수를 복기하며 부동산을 처음 시작하는 분들에게 도움이 되는 책을 쓰기로 마음먹었습니다. 그리고 누구나 겪을 수 있는 실수를 줄이고 고정관념을 깨뜨리는 내용을 담아 글을 쓰기 시작했습니다.

학교에서 우리는 많은 것을 가르칩니다. 하지만 실제 자본주의를 살아가면서 필요한 것들은 성인이 되고도 한참 후에나 깨닫게 되는 경우가 많습니다. 경제를 이해하고 재테크를 배우는 경험은 누구에게나 꼭 필요합니다.

저는 운이 좋게 저를 낳아주시고 키워주신 부모님에게서 경제를 배웠습니다. 산전수전 공중전을 겪으며, 그야말로 피가 터지는 전쟁터와 같은 세상과 부딪히는 부모님을 보면서 학교에서 배우지 못한 세상을 알게 되었습니다.

현재도 많은 사람들은 연예인이나 의사, 변호사, 유명 운동선수들의 활동과 부를 부러워하기만 합니다. 그들은 재능이 있어 가능했던 일이라 단정 짓고 자신은 부의 계단에 오르기를 망설이거나 포기합니다.

단언컨대 운동을 잘하는 재능이나 멋진 외모, 뛰어난 머리는 아무나 가질 수 없지만 부는 누구나 가질 수 있습니다. 부동산이 그렇게 만들어 줄 수 있습니다. 여러분이 갖은 노력을 통해 최대한 빠르게 좋은 부동산을 선점한다면 성공한 많은 이들이 여러분을 부러운 눈으로 바라볼 날이 올 것입니다.

현금자산만을 모으는 일에 신경 쓰기보다는 부동산 투자의 시스템을 이해하고 스스로 그물을 던져 부자가 되길 바랍니다. 이것이 바로 부동산 DNA를 만들어 위대한 유산으로 남기는 일일 것입니다.

책을 읽어주셔서 다시 한 번 감사드리고, 앞으로도 여러분에게 도움이 될 수 있는 놀부가 되도록 노력하겠습니다. 이 책을 읽은 모든 분들이 부자가 되고 자신이 터득한 부의 시스템을 자녀들에게 물려주시길, 가족들에게 전해주시길 희망합니다.

항상 매물 관리에 도움을 주시는 유튜버 박빌딩님, 많이 가르쳐주시는 빠숑님과 월천대사님 그리고 제네시스박님, 저를 많이 알려주신 직방 안성우 대표님과 매니저 식구님들에게 진심으로 감사드립니다. 또한 친형처럼 챙겨주시는 멘토 박병찬 대표님, 책 집필에 도움을 주신 시공사 관계자 여러분께도 감사합니다. 가족처럼 힘이 되고 오랜 시간 함께한 친구들 유진, 정훈, 종석, 상민, 용우, 대호, 동욱에게도 지면을 빌어 고마운 마음 전합니다.

세상에 하나뿐인 딸 라희에게 사랑을 전하고, 아내에게 고맙다는 말을 전합니다. 더불어 길음뉴타운 좋은집부동산 이신숙 대표님께도 감사의 인사를 전합니다.

글 정리
최진

동국대학교 학보사에서 글쓰기를 시작했으며, 방송작가를 거쳐 출판사에서 기획편집자로 오랫동안 근무했다. 자유기고가로 활동 중이며 프리랜서 스토리 디렉터로 일하고 있다.

놀부의 부동산 DNA

2020년 6월 25일 초판 1쇄 인쇄
2020년 7월 30일 초판 2쇄 발행

지은이   놀부(정형근)
발행인   윤호권 박헌용
책임편집   이영인

발행처   (주)시공사
출판등록   1989년 5월 10일(제3-248호)
브랜드   시공사

주소   서울시 서초구 사임당로 82(우편번호 06641)
전화   편집(02)2046-2864 · 마케팅(02)2046-2880
팩스   편집 · 마케팅(02)585-1755
홈페이지   www.sigongsa.com

ISBN   979-11-6579-076-9 03320

이 도서의 국립중앙도서관 출판예정도서목록(CIP)은 서지정보유통지원시스템 홈페이지
(http://seoji.nl.go.kr)와 국가자료공동목록시스템(http://www.nl.go.kr/kolisnet)에서 이용하실 수 있습니다.
(CIP제어번호: 2020022624)

1. 다세대주택

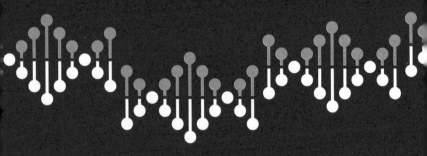

3. 상가

4. 빌딩

목차

1. 다세대주택

2. 오피스텔

자본주의 세상에서 '소유'는 자산의 증식을 의미한다. 그러나 모든 소유가 자산의 증식을 가져오지는 않는다.

중요한 것은 소유를 활용해 자산 증식을 가져오는 '재테크'가 그리 단순하지 않다는 것이다. 수많은 사람이 재테크에 실패한다. 실패를 줄이기 위해서는 최대한 많은 경험과 지식을 쌓아야 한다.

특히 '무작정', '아무 것이나', '아무 데나' 사서는 안 된다. 아무리 자본주의 사회라도 소유한다고 무조건 오르지는 않는다. 좋은 안목을 가지고 오를 곳을 사야 한다.

부동산은 종목도 많고 종목마다 투자 및 판단 포인트도 다르다. 종목별로 다른 특성을 이해하고 거기에 맞는 입지와 물건을 골라야 한다.

부록에서는 향후 5~10년 투자하기 좋은 종목별 우수 입지를 소개하려 한다. 지역별 종목별 핵심 포인트를 중점적으로 살펴보도록 하자.